**A**mis lecteurs,

**L**e Lac de Constance, l'Allgäu, les montagnes, le Ries, les vertes collines et les marais du Danube propices à la rêverie- que de facettes pour une seule contrée. Sans compter le kaléidoscope d'une somptueuse architecture: des cloîtres magnifiques, des châteaux de rêve (et pas seulement celui du Roi des contes de fées), de splendides résidences épiscopales, d'anciennes villes libres impériales traversées par le vent de l'histoire. La Souabe de Bavière est plus qu'une région de vacances. Celui qui est chez lui dans l'un de ces paysages paradisiaques s'étonne à peine d'apprendre que l'étendue du nord au sud de la Souabe de Bavière correspond exactement à celle de La Terre Sainte, sachant bien qu'il a en fait la chance de vivre lui aussi sur une terre promise. Ici vivent des gens placides qui par nature sont attachés à la terre, conscients des valeurs de cette tradition qui depuis des siècles y puisent leurs racines, mais aussi ouverts et s'intéressant à toute innovation.

**C**e n'est pas là une province tapageuse. A l'instar de cette région ce livre présente les beautés-discrètes ou spectaculaires- que recèle la Souabe de Bavière. Ainsi se découvre tout un prisme merveilleux de paysages, d'histoire et de culture, de coutumes où, à travers cloîtres et églises, se manifestent les hommes et leur destin. Voici dix-sept chapitres généreusement agrémentés de photographies qui invitent au voyage et à la découverte, qui rendront curieux de mieux connaître les lieux d'attraction ou d'autres plus mystérieux (car l'autochtone, en vertu de l'adage selon lequel ce n'est pas parce que c'est un gros chien que le saint-bernard doit aboyer, n'est pas forcé de tout dire à l'étranger). Il s'agit là d'un livre qui est pour le touriste plus qu'un livre de voyage et pour l'habitant du cru l'incitation à redécouvrir son propre pays et peut-être même les cantons avoisinnant le sien .

**L**es auteurs, qu'ils soient originaires de Souabe ou qu'ils y soient restés par goût, ne sont pas, dans l'ensemble, des spécialistes, mais des amateurs de ce patchwork qu'est la Souabe de Bavière, ou du moins des amoureux de leur coin de terre , de ce pan de pays qui est (devenu) le

leur. Ils ont contribué à l'élaboration de cet ouvrage en tenant chacun compte du chatoiement des mentalités de ce pays : ainsi se conjuguent la sobriété souabe, un sentiment de fierté – qu'on se doit pourtant de garder par-devers soi , mais qui loue les mérites des générations précédentes unies dans l'effort –, le plaisir de la formule adéquate, qui peut aller jusqu'à titiller l'interlocuteur, l'attention vouée au détail aimable, mais surtout la joyeuse sérénité de celui qui aime vivre et laisse vivre les autres à leur guise. Au caractère matois du Souabe, lequel est dû à ses origines paysannes, s'allie fort bien un esprit ouvert sur le monde; fonciérement bourgeois, tout en rondeurs, le Souabe est pourtant sensible à la tolérance que lui enseigne sa riche histoire ; conscient de l'importance de la tradition, il garde un esprit critique face au progrès. C'est tout cela qui, par-delà toutes ses beautés évidentes, rend cette paisible province si aimable.

**C**e livre est le reflet du caractére aimable de la Souabe. Tout au long de sa genèse, lors des conversations menées avec les auteurs et les collaborateurs, qu'en tant qu'éditeur je tiens ici à remercier chaleureusement au bo... accompli ensemble, cette amab... ses contours à travers les textes e... phies. Ce qui initialement parais... deuse audace, à vouloir ainsi pr... seul ouvrage la diversité hétérogè... qui s'étend de Lindau à Oettingen, de Füssen à Weißenhorn, se révèle être pour moi aussi une entreprise excitante ouvrant maintes perpectives. Vous qui avez élu domicile en Souabe, vous goûterez à des joies particulières en lisant ce livre, vous ferez un détour par des coins encore inconnus ou en redécouvrirez certains avec un intérêt tout aussi neuf que le mien. Vous qui cherchez, en visite dans cette région aimable, plus qu'une simple information touristique, vous découvrirez et vivrez à loisir la diversité de la Souabe, si bien que cette région pourrait bien devenir, pour vous aussi, «la terre promise».

Aussi, je vous souhaite bien du plaisir au fil des pages.

*Harald Hollo*

Harald Hollo

# Table des matières

Espace naturel et paysage culturel

PROF. DR. HANS FREI

PAGE 4

Le Ries

DR. WILFRIED SPONSEL

PAGE 16

Les cités danubiennes

ERICH PAWLU

PAGE 28

Le coin d'Ulm

EDUARD OHM

PAGE 36

La Moyenne Souabe

DR. RUDOLF KÖPPLER

PAGE 44

ISBN 3-935438-02-8

Augsbourg

Eva
Leipprand

Page 52

Coutumes
ancestrales

Alois
Sailer

Page 108

La Bavière
souabe

Manuela
Mayr

Page 64

Eglises &
Monastères

Dr. Georg
Simnacher

Page 116

Memmingen
et le Bas-Allgäu

Freddy
Schissler

Page 74

Les Fugger
en Souabe

Dr. Martha
Schad

Page 126

L'Ostallgäu

Dr. Andrea
Zinnecker

Page 82

En Souabe sur les
traces des Juifs

Gertrud
Kellermann

Page 134

Kempten et
le Haut-Allgäu

Susanne
Lorenz-Munkler

Page 90

Têtes
souabes

Winfried
Striebel

Page 142

Le lac de Constance
– l'Allgäu de l'ouest

Thomas
Scherer

Page 100

La Création
culturelle

Andreas
Link

Page 150

La rivière Iller a séparé les éboulis de la moraine frontale pour ensuite se glisser dans les sables du tertiaire. Des fermes isolées éparses dans la verdure marquent le paysage.

# ESPACE NATUREL ET PAYSAGE CULTUREL

La Souabe est souvent comparée à un patchwork multicolore, une de ces productions composites que tissent les artisans souabes. Cette comparaison vaut surtout en ce qui concerne la mosaïque de principautés, comtés, villes impériales, domaines abbatiaux et seigneuriaux qui, des siècles durant, modelèrent la carte du pays. Elle vaut également en ce qui concerne la diversité des espaces naturels et des paysages qui composent et structurent la région délimitée par l'Iller et le Lech, le Ries et le Lac de Constance.

Dans ce domaine il ne faut pas sous-estimer l'interdépendance et les interactions entre nature et culture. «A l'image du chercheur qui doit tenir compte de la coquille lorsqu'il étudie l'escargot, il faut replacer la société humaine et son développement historique dans leur paysage pour bien les comprendre». Ce principe de géographe s'applique pleinement à la Souabe.

Le relief et le sous-sol, le climat et le réseau hydrologique, le sol et sa végétation ont, au fil du temps, influé de façon décisive sur la densité et l'évolution du peuplement humain, aussi bien que sur les pratiques agricoles, l'architecture, l'artisanat, la croissance des villages et des villes.

Pour cela, à côté de la possession et de l'exploitation de la terre, entraient aussi en jeu les objectifs et les exigences proprement humains portés par les hommes dans le cadre de l'organisation politique des sociétés et de leur devenir scientifique, limités par les contraintes techniques qui étaient les leurs.

Ce sont les relations de l'homme et de la nature, de l'espace et du temps qui ont engendré cet assemblage complexe de paysages façonnés par l'homme, dans lequel fermes et prairies, villages et cités, châteaux et cloîtres ont trouvé leur place aussi bien que les routes, les centres commerciaux et les installations sportives. Tout paysage culturel constitue une archive de l'évolution de la société, une sorte de banque de données des manifestations de la culture que les générations successives nous ont laissées au fil des siècles.

Vue de la partie Est du bassin du Ries, sur le bord Est du cratère entre Oettingen et Ronheim.
Au centre, le plateau de la motte du Rollenberg, au premier plan, les maisons de Grosssorheim et
le paysage d'agriculture intensive. (Photo: H. Schmidt-Kaler, in «Meteoritenkrater Nördlinger Ries»,
avec l'aimable autorisation des éditions du Dr. Friedrich Pfeil, Munich).

### Le paysage souabe – Diversité de l'espace naturel

La Souabe n'a pas d'unité géographique, ni même historique ou culturelle. Son extension et ses frontières actuelles sont bien plutôt le résultat d'une succession d'événements historiques, de décisions politiques et administratives, que d'une prise en compte de données ethniques ou linguistiques. Sa forme extérieure correspond à peu près à celle d'un rectangle allongé. Dans sa plus grande longueur, du Nord au Sud, elle mesure à peu près 200 km; d'Ouest en Est entre L'Iller et le Lech, elle fait en moyenne 50 km. Avec une superficie qui avoisine les 10.000 km², la Souabe est la troisième région de l'Etat de Bavière; par le nombre de ses habitants, environ 1,78 millions, elle est à la deuxième place, juste après la Haute Bavière. A côté de quatre agglomérations autonomes (Augsburg, Kaufbeuren, Kempten, Memmingen), on y touve 334 communes réunies en 10 cantons et 3 circonscriptions administratives. Trois grands types de relief de L'Allemagne du Sud se partagent la Souabe: les marches schisteuses au Nord, les Préalpes au centre et les Alpes au Sud. A l'intérieur de ces grandes structures fondamentales de nature géologique et tectonique, on peut distinguer clairement différents types de paysages. La composition de ces paysages correspond souvent à certains paysages culturels.

### Le Ries

Le Ries est une cuvette à peu près circulaire, de 20 à 25 km de diamètre, encastrée dans le Jura souabe et franconiennes. Les rivières Eger et Wörnitz, ainsi que leurs innombrables affluents divisent le fond du Ries en vastes plaines et dépressions aplaties dominées en périphérie par des monticules isolés de 50 à 80 m d'altitude. Ils sont garnis souvent d'une végétation caractéristique faite d'herbes sèches et de massifs forestiers sauvages, tandis que les plaines portent des champs cultivés et que les dépressions sont occupées par des prairies.

En regardant ce paysage, on ne se doute pas qu'il doit son origine à une catastrophe naturelle dévastatrice, en l'occurrence l'impact d'un gigantesque météorite. En de nombreux endroits on trouve à la surface du sol des blocs de gneiss et de granit qui forment normalement le substrat des montagnes cristallines, à 600 m de profondeur. Le matériel rocheux que l'on trouve couramment en surface est extrêmement disloqué, à plusieurs endroits la couche schisteuse originelle est détruite. Des gisements rocheux datant du secondaire et du tertiaire se trouvent à la périphérie du Ries recouvrant en partie des roches plus jeunes; c'est un chaos de gros blocs mêlés formant un complexe géologique spécifique et bigarré, le «Breccie». Une autre roche spécifique de la Souabe est le «Suevit», dont la masse grise et poreuse est parsemée de pépites vitrifiées. La ressemblance du Suevit avec les tufs volcaniques fut longtemps considérée comme une preuve de l'origine volcanique de la cuvette du Ries.

Les différentes théories qui assignaient pour origine à ces roches les profondeurs de la terre prirent un tournant surprenant lorsqu'on découvrit dans le Suevit des minéraux qui ne peuvent se former que dans des conditions extrêmes de pression et de température, telles que celles qui sont réunies lors de

la chute sur terre de corps en provenance du cosmos. Des investigations ultérieures permirent progressivement de situer avec certitude le début de l'existence du Ries, créé par un corps extraterrestre, il y a environ 14,6 millions d'années. Un astéroïde d'environ 1km de diamètre percuta en moins de 2 secondes l'atmosphère terrestre et vint perforer, à une vitesse de près de 70.000 km/h la surface de la terre, s'enfonçant de plus d'1 km de profondeur dans la couche rocheuse de surface.

Par suite de l'énergie incommensurable libérée par une explosion équivalant à 250.000 fois celle de la bombe d'Hiroshima, pierres et météorite furent pulvérisés, liquéfiés et vaporisés. De gigantesques blocs de pierre furent projetés hors du cratère et dispersés à la ronde jusqu'à une distance de 40 km, recouvrant le Ries d'une épaisse couche de déblais. Le cratère se remplit d'eau,il se forma un lac peu profond qui se combla peu à peu avec du calcaire, du sable et de l'argile.

Lorsqu'à la fin du tertiaire plusieurs zones du Sud de l'Allemagne furent soulevées, les ruissellements purent attaquer les couches superficielles, entraîner les tendres sédiments lacustres et libérer à nouveau la forme primitive du cratère. Les calcaires plus durs furent dégagés sous forme de sommités.

La fin de l'ère glaciaire enfin apporta au Ries les couches de löss qui, associées à un climat chaud et relativement sec, favorisent depuis des millénaires l'exploitation agricole de ce territoire. De nombreux vestige de la proto et de la préhistoire attestent la grande ancienneté et la permanence de la colonisation humaine. Grâce à sa position centrale, la ville de Nördlingen s'est développée comme centre économique et culturel. Oettingen et Wallerstein jouèrent, en tant que lieux de résidence des Comtes d'Oettingen un rôle significatif, Harburg et Wending atteignirent une certaine importance locale.

**Le jura souabe-franconien**

Le manque d'eau et la pauvreté du sol sont les caractéristiques du jura dont le sous-sol est composé de calcaires et de dolomites, et qui s'étend à travers l'Allemagne du sud en une chaîne de sommets arrondis. Il est caractérisé principalement par un paysage karstique composé de grottes, de dolines et de vallons morts, apparus en raison de la porosité du sol et de la friabilité de la roche. Mais le substrat initialement raviné a été recouvert d'une couche d'argile et de sable et les masses des alluvions répandues sur le Ries ont en fait favorisé l'exploitation agricole ainsi que l'établissement de colonies.

En revanche la partie située immédiatement au-dessus du Danube est étonnament riche en eau: les vallées de l'Egau, du Kessel et de l'Ussel ainsi que leurs affluents découpent le plateau de leurs entailles. On y trouve de gras pâturages tandis que les champs recouvrent les surfaces riches en limon. Les surfaces recouvertes d'herbes sèches sont réservées à l'élevage des ovidés. Là où on trouve des sables du tertiaire comme fondement, s'étend encore un vaste territoire forestier. La vallée de la Wörnitz, limite traditionnelle entre le jura souabe et le jura franconien, partage en une faille de 100 mètres de profondeur le plateau jurassique et présente d'impressionnantes formations rocheuses. Des villages et des hameaux forment l'essentiel des localités, les habitations caractéristiques du paysage jurassique ayant disparu pour la plupart.

Photos: Olav König,
Krumbach

1 Héron cendré dans les roseaux d'un bras mort du Danube
2 et 3 La Günz orientale – 4 Sanglier dans les sous-bois de Dillingen
5 Quelques bosquets poussent encore sur les rives du Danube entre
 Altisheim et Lechsend
6 Œillet Dianthus superior, Hundsmoor – 7 Lépidoptère Zyganea spp.
8 Sur la lande du sol calcaire du Jura souabe poussent des genévriers
9 Campanule Leucojum vernum
10 Œillet des tourbières dans le Benninger Ried
11 Rainette Rana temporia
12 Paysage de marécages dans le Donaumoos
13 Dans la forêt de Kempten, bloc erratique, un reste de roche de l'ère
 glaciaire provenant du glacier de l'Iller
14 La Günz occidentale près de Hawangen
15 Moule commune Unio crassus

## La vallée du Danube

Le jura s'affaisse vers le sud en une dépression qui s'incline lentement vers la vallée du Danube. Les grands espaces caractérisent ce tronçon de vallée qui s'étend sur quelque 100 km du paysage souabe; ce majestueux fleuve européen coule ainsi entre le confluent de l'Iller près de Neu-Ulm et celui du Lech près de Marxheim. La largeur de la vallée et les alluvions déposés en couches de plusieurs mètres sont l'œuvre de puissants courants d'eau dus à la fonte des glaciers; ils furent transportés pendant l'ère glaciaire par de nombreux affluents descendant du sud. Témoins d'une forte érosion, ces méandres et boucles des bras morts du fleuve tout comme les sédiments sableux et caillouteux qui recouvrent la vallée dans toute sa largeur. Mais le fleuve a perdu son caractère de cours impétueux après l'aménagement d'ouvrages de régulation et de rectification. L'eau est désormais canalisée et l'énergie hydraulique produite par les bassins de retenue. L'intervention technique a aussi transformé le peuplement forestier caractéristique des régions humides des rives d'un fleuve. La guirlande verte, qui jadis abritait sur quatre stades verticaux de la végétation – des lichens aux divers feuillus et résineux en passant par les herbacés et les buissons – une multiplicité de plantes et d'animaux, n'a pu se maintenir qu'en quelques rares endroits sous sa forme initiale. Des bras isolés forment des îlots précieux du point de vue écologique et servent à la nidification d'innombrables sortes d'oiseaux qui y trouvent également leur nourriture. En dehors de ces forêts humides il y avait aussi autrefois de vastes étendues de marécages, désignés en Souabe sous le nom de «Riede»: ils se sont formés partout où pouvait se constituer de la tourbe grâce à une nappe phréatique au niveau élevé ou à une forte concentration d'humidité. L'exploitation de cette tourbe, l'assèchement et les cultures en firent, ces cent dernières années, de vertes prairies et de gras pâturages. Sur les quelques surfaces restant inexploitées pousse encore une végétation variée typique du Ried où l'on trouve trolles et orchidées.

Les plateaux de déblais argileux représentent, depuis le Moyen Age, des endroits propices aux fermes isolées et aux petites colonies. Entre Höchstädt et Donauwörth se présente la forme particulière de la colonie isolée appelée «Schwaigen», le plus souvent sur d'anciens îlots du Danube. Alors naguère encore affectées à la production laitière et fromagère, les colonies ont peu à peu perdu leur caractère initial pour finir par transformer les pâturages

Photo de droite:
Atelier des marécages
du Danube

en champs de labour et devenir par là de banales exploitations agricoles.

Un autre paysage qui fait également partie de la vallée du Danube est divisée par une arête de 5 à 10 mètres de haut formée par une terrasse surplombant la vallée, laquelle s'étend au sud entre Fahlheim et Günzburg et au nord entre Langenau et Donauwörth. Les couches de löss déposées sur les plaques de cailloutis datant de l'ère glaciaire en font un paysage fertile parsemé de villages cossus établis au milieu de champs où l'on pratique l'agriculture extensive. Entre ces deux paysages on trouve à 5 ou 10 km d'intervalle un chapelet de nombreuses villes historiques, telles que Ulm/Neu-Ulm, Leipheim, Günzburg, Gundelfingen, Lauingen, Dillingen, Höchstädt et Donauwörth. La richesse de ces villes indique la haute signification politique de cet espace dès le Moyen Age et caractérise sa fonction de carrefour commercial suprarégional.

Les collines du tertiaire à l'est du cours inférieur du Lech A l'est du Lech la Souabe empiète sur l'arrondissement d'Aichach-Friedberg, participant de l'unité de l'espace naturel formé par les collines du tertiaire. Cette contrée n'a pas été touchée par les neiges du glacier ni n'a été recou-

verte des cailloutis de l'époque glaciaire. Seul sur le cours inférieur du Lech, à la hauteur des terrasses de Aindling apparaissent des alluvions de l'ère glaciaire qui marquent le relief. Le reste est constitué uniquement de marnes, de sables, de cailloux apportés par la mollasse du tertiaire. De nombreux ruisseaux et rivières ont comme plissé le sol en un paysage de collines aux lignes amples et aux sommets aplatis alternant avec de larges vallées.

Par endroits les sols riches en löss présentent les conditions idéales pour l'agriculture. La forêt est pour la plupart cantonnée sur les hauteurs. Là où le substrat est formé par le sable grossier du quarz, se sont développés des peuplements importants d'épicéas et de pins sylvestres. L'exploitation continue de la terre variant en fonction du relief et du sol marque le morcellement du paysage, lequel se distingue fortement du plateau situé grosso modo entre l'Iller et le Lech qu'on peut embrasser du regard dans toute son étendue. La Paar, le cours d'eau principal, y a creusé une large vallée que suivent les lignes les plus importantes de la circulation. Les villages paroissiaux, les hameaux et les fermes isolées y sont également répartis. Friedberg et Aichach en sont les centres historiques et économiques.

## La Moyenne Souabe –
## Un paysage en terrasses entre l'Iller et le Lech

Contrairement aux formes arrondies des monts marquant la vallée du Danube, le paysage qui s'étend vers le sud est plus vivement découpé. Les vallées encaissées du Lech, de la Wertach, de la Mindel, de la Günz et de l'Iller ainsi que celles plus étroites de la Schmutter, de la Zusam, de la Kammel et de la Glött sont séparées les unes des autres par une longue chaîne de collines et d'ondoyants plateaux. Les crêtes et les dépressions dues aux rivières s'alignent parallèlement dans le sens sud-nord, s'abaissant régulièrement des Alpes vers le Danube.

Le relief a été formé par des cours d'eau surgis à l'époque glaciaire. Dans un rythme alternant entre périodes chaudes et périodes froides se sont succédé le dépôt de cailloutis et le creusement de vallées. Les raisons de ce changement fréquent de climat au cours de 2,5 millions d'années restent inexpliquées. La poussée des continents, des variations de la course du globe terrestre autour du soleil, peut-être aussi des modifications dans la composition de l'atmosphère peuvent avoir joué un rôle. Lors de la période glaciaire les températures annuelles avaient baissé d'environ 10 degrés et le temps d'ensoleillement avait diminué. Une part importante des précipitations hivernales restèrent sous forme de neige, laquelle se transforma en glace et prit la forme de glaciers qui recouvrirent les Alpes pour ensuite glisser vers les Préalpes.

La puissance d'érosion de la glace fut surtout effective dans les vallées alpines et dans les contreforts des Alpes qu'elle marqua par des raclements et déblaiements. Les parties s'étendant de là vers le nord furent séparées par des vallées formées par les eaux de la fonte des neiges puis recouvertes de cailloutis. Les cours d'eau continuèrent de s'enfoncer dans la masse des éboulis et au fur et à mesure que la poussée perdait en intensité, abandonnèrent en chemin leur fardeau d'éboulis dans les vallées.

Dans la contrée qui s'étend entre le Lech et l'Iller des cailloutis datant d'au moins six périodes glaciaires différentes se retrouvent à différentes altitudes; les périodes portent le nom des cours d'eau des Préalpes, à savoir la Biber, le Danube, la Günz, la Mindel, le Riß et la Würm. Les alluvions datant de la période glaciaire la plus reculée apparaissent à la surface des chaînes des collines et buttes les plus élevées, les cailloutis jeunes datant de la période glaciaire suivante recouvrent les dorsales plus basses. Lors de l'avant-dernière période glaciaire, l'ère dite du Riß, les glaciers firent une grande avancée vers le nord. Une barrière de dépôts morainiques marque le seuil d'extension maximale de la glace qui dans les vallées respectives du Lech et de la Wertach atteignit la hauteur de Bad Wörishofen – Türkheim – Kaufering, le glacier de l'Ammersee s'étant même avancé jusque vers Mering.

Dans les vallées des cours d'eau actuels furent déposés pendant et après l'ère de Würm les derniers et plus jeunes restes de cette suite de substrats. On peut en retrouver les traces le long du Lech, de la Wertach et de l'Iller sous forme de champs de cailloutis (cf. celui de Lechfeld ou de Wertach) et ils recouvrent les fonds des vallées de la Günz, de la Mindel, de la Roth et de l'Iller. Le parc naturel

En haut: en Moyenne Souabe, paysage de collines près de Hinterschellenbach dans le parc naturel d'Augsburg-Westliche Wälder. A droite: Vue sur l'abbaye cistercienne et le Musée des arts traditionnels d'Oberschönenfeld, situé dans le paysage naturel de la vallée de la Schwarzach; alentour des prés, des champs et des forêts, environnement caractéristique d'une abbaye; à l'arrière-plan, la vallée de la Schmutter le long de laquelle sont situés les communes de Gessertshausen et de Diedorf. Page de droite: vue sur l'Alpsee près d'Immenstadt. Ce lac s'est lové dans une vallée creusée par le glacier de l'ère glaciaire Riss, entre les versants des Préalpes de l'Allgäu où alternent la forêt et les prairies.

régional Augsburg – Westliche Wälder représente entre le Danube, la Wertach et la Mindel un exemple caractéristique du paysage en terrasse que forme la Moyenne Souabe.

Les larges sillons creusés par les vallées furent de tout temps l'axe selon lequel s'établit la circulation et s'installèrent les colonies. Les lieux de prédilection furent des terrasses recouvertes de limon à l'abri des inondations, ou bien on exploita les versants légèrement inclinés des

Pour les échanges d'est en ouest la chaîne étirée de buttes ainsi que les nombreux cours d'eau figurent d'éminents obstacles. Au Moyen Age l'importante route du sel d'Augsbourg à Günzburg empruntait l'ancienne voie romaine qui passait par Augsbourg pour aller de Salzburg à Strasbourg. Le trafic ferroviaire et l'autoroute ont grosso modo aussi recours à ce tracé. Mais la nature a aussi dessiné une liaison commode d'est en ouest à travers une zone de transition s'étendant des terrasses de cailloutis jusqu'aux paysages morainiques préalpins. Le long de

rives, tandis que sur les hauteurs poussait le plus souvent la forêt. Le village ramassé autour de propriétés ou le village s'étirant le long de la rue principale des deux côtés de laquelle se répartissaient les fermes représentent tous deux les formes caractéristiques de ces colonies.

Ces axes favorables aux transports ont jusqu'aujourd'hui soutenu le commerce et encouragé à la transformation et même déterminé les lieux d'implantation de l'industrie. Ainsi, dans le triangle formé par le confluent du Lech et de la Wertach, à la lisière du c(h)amp de Lechfeld, s'est développée la ville d'Augsbourg qui, de capitale d'une province romaine, est devenue au Moyen Age une ville de négoce et d'artisanat pour être finalement aujourd'hui une grande ville industrielle. Au XXe siècle, des villes des environs comme Gersthofen, Neusäß, Bobingen et Königsbrunn prirent de l'importance jusqu'à devenir des centres industriels ou des cités-satellites. C'est dans un environnement semblable que fut créée l'agglomération d'Ulm/Neu-Ulm, au confluent de l'Iller, de la Blau et du Danube, là où se nouent les voies de communications pour passer le fleuve avant de continuer le long de la vallée de l'Iller pour atteindre des villes comme Senden, Vöhringen et Illertissen.

l'importante route du sel et d'autres marchandises, naquirent à intervalles réguliers les villes de Landsberg, Mindelheim et Memmingen. Sa situation particulièrement favorable au carrefour de voies internationales fit même de Memmigen une ville impériale.

### Le paysage préalpin – le paysage de moraines

Morcellé et difficile à embrasser du regard, tel est le paysage du sud de la Souabe. Ce sont une succession de chaînes de monticules, de large sommets arrondis, des bassins aplatis réunis en un espace étroit; à courte distance l'orientation des cours d'eau ou la largeur des vallées peut se modifier du tout au tout. Ce relief résulte des frottements, des poussées et des remblaiements provoqués par les glaciers et leurs eaux. Le glacier du Lech suivit la vallée de la rivière du même nom, pour quitter la montagne près de Füssen et de Pfronten et finalement se répandre sur 40 km dans le paysage préalpin de l'Ostallgäu. De la vallée de l'Iller descendit un autre glacier qui s'étendit sans rencontrer d'obstacle sur quelque 20 km seulement, au nord d'Immenstadt, gêné dans sa pousée par les dorsales formées par des plissements de mollasse. Poussant devant lui d'innombrables blocs de glace, le colossal glacier du Rhin descendit la vallée alpine pour avancer jusque bien plus avant que le bassin formé par le lac de Constance, vers le nord et l'ouest, atteignant une largeur maximale de plus de 100 km. Les diverses langues glaciaires – celles du Rhin, de l'Ammersee et de la Wertach – se rejoignirent, formant ainsi une seule et même couverture glaciaire.

Pendant les périodes glaciaires maximales que connurent les aires Riß et Würm, la surface du glacier atteignait à sa cassure une épaisseur variant de 1200 m à 1500 m. Les masses de glace les plus au nord fondirent peu à peu et en bordure les débris transportés s'accumulèrent pour donner une moraine frontale légèrement vallonnée. Une chaîne de buttes qui à travers la Souabe s'étire le long d'une ligne Kaufbeuren – Obergünzburg – Altusried, marque de sa guirlande le bord de la masse glaciaire de l'ère Würm. A l'intérieur de la moraine frontale les rochers transportés ainsi que les graviers forme ce qu'on appelle la moraine principale. Dans les bassins d'origine du glacier se sont formés des lacs plus ou moins grands

(le Weißensee, le Hopfensee, le Bannwaldsee et même le Niedersonthofenersee), tandis que les lacs situés autrefois près de Wertach, Marktoberdorf et Unterlingen se sont depuis longtemps asséchés. De petits lacs comme le Alpsee, le Seeger See et les innombrables étangs et marais sont aussi des traces de l'ère glaciaire. Dans le bassin du lac de Constance, qui a été creusé par raclements successifs par le glacier du Rhin qui s'est finalement logé dans une dépression tectonique, s'étend depuis la fonte des glaces l'un des lacs les plus grands des Préalpes. Au-dessus d'un paysage de moraines s'élevant à 700 ou 800 m se trouvent la dorsale et les crêtes de la mollasse de l'Allgäu. Certes ces sommets se trouvent dans le domaine de la partie tectonique des Alpes, mais ils forment de par leur morphologie naturelle une part importante des collines des Préalpes. A l'ouest de l'Iller elles se serrent en terrasse les unes au-dessus des autres en plusieurs chaînes (Hauchenberg – Stoffelberg, Salmaser) et établissent une transition vers les montagnes. A l'est de l'Iller elles forment avec la dorsale de Wertach et la chaîne de Senkele-Zwieselberg une éminence marquante.

En bas: vue d'Oberjoch, au-dessus d'une mer de brume qui recouvre les vallées de l'Ostrach et de l'Iller, avec dans le lointain les montagnes de flysch du massif de l'Hörner (à gauche) et la chaîne de mollasse (à l'arrière-plan). Cette vue donne une impression de l'état de l'ère glaciaire, lorsque voici 20.000 ans les glaciers comblaient les vallées.
Page de droite: vue du lac Faulensee près de Füssen avec à l'arrière-plan les pics acérés du Säuling et les Alpes du Vilser.

Les zones d'habitation et l'essartage ont fait reculer la forêt; elle recouvre surtout les dorsales morainiques, les versants abrupts et les flancs de montagne et s'est aussi maintenue dans les marécages à proximité de rivières et dans les vallons humides. Le reste, constitué de prairies, est exclusivement consacré au pacage ou utilisé pour la fenaison. Depuis la seconde moitié du siècle dernier, une fois compris le cycle naturel d'échange entre le sol et le climat – qui en l'occurrence était optimal pour les pâturages – au sud de la moraine frontale, les champs de labour ont cédé la place.

Les hameaux et les fermes isolées qui s'expliquent par l'essartage dès la fin du Moyen Age et le déplacement partiel des exploitations en dehors du village entre les XVIe et XVIIIe siècles, marquent désormais le paysage. Des villages et des bourgades rurales représentent les centres d'activité. Avec les villes libres de Kempten et de Kaufbeuren se sont développés des centres administratifs et économiques sur les axes de communication. C'est à partir de ce genre de bourgade que la ville de Marktoberdorf s'est formée. Sur le lac de Constance la ville de Lindau tient une place à part.

### Les Alpes de l'Allgäu

La chaîne des Alpes de l'Allgäu forme un décor en étages composé de sommets s'élevant toujours plus haut. Il s'agit d'une construction géologique compliquée qui a les caractéristiques du plissement alpin, à savoir diverses strates entremêlées. Sous les débris de l'ère triasique se trouvent en masse les dolomites gris et brun-gris, et parmi les roches de la période jurassique les lias brun sombre marneux. Dans les alluvions du crétacé les couches de flysch composées d'ardoise et de sable occupent une partie importante.

Le maillon le plus jeune dans la chaîne alpine de l'Allgäu, la mollasse tertiaire participe de façon considérable de la composition des Préalpes et présente des strates de grès et d'argile. Tous ces sédiments qui se sont amassés au cours de plus de 200 millions d'années dans des conditions variables en différents bassins marins sont apparus à la surface de la terre sous les poussées de l'écorce terrestre et plus particulièrement lors de l'ère tertiaire, pour finalement s'éroder et se niveler.

Vues sous l'angle des paysages naturels, on peut distinguer deux unités partant de l'Illertal. On appelle Préalpes calcaires le sud extérieur, épais de 10 à 15 km, qui s'étend à l'ouest de la chaîne du plissement de mollasse et qui atteint son plus haut sommet avec le Hochgrat-Rindalphorn – tout comme juste plus au sud les monts de flysch – avec le groupe des Hörner. A l'est de l'Iller s'étendent d'est en ouest d'étroites chaînes entre Wertach, Nesselwang, Pfronten, Füssen et Trauchgau. Leurs sommets sont arrondis et pour la plupart boisés. Les replats et les versants peu inclinés ont été déboisés pour laisser place à l'alpage, tandis que les localités apparaissent pour la plupart en-dessous de 800 mètres. Un climat essentiellement frais, humide et connaissant de fréquentes précipitations limite l'exploitation agricole, ce qui dès le Moyen Age a incité à la spécialisation dans l'élevage bovin.

Aux endroits propices au passage se sont établies des villes historiques comme Immenstadt et Füssen, dans la large vallée de l'Iller Sonthofen est devenue une ville administrative abritant aussi une garnison. Sous l'influence du tourisme de nombreuses communes telles Fischen, Hindelang, Oberstaufen, Nesselwang, Pfronten et Schwangau sont devenues des lieux de villégiature et des stations climatiques appréciées. Grâce à un fort enneigement l'ensemble du Haut Allgäu peut aussi faire état d'une saison hivernale intéressante.

Vers le sud se poursuit la zone des Alpes calcaires qui s'étagent au-dessus de tertres de mollasse et de flysch pour présenter les formes marquantes de crêtes et de sommets dépassant les 2000 mètres, ce qui leur confère les caractéristiques de la haute montagne. Sous l'effet de l'ère glaciaire est apparue une grande diversité de formes: les parois à pic surmontées d'arêtes aiguës alternent avec les pentes d'éboulis. Restée à l'état naturel dans les zones inférieures, la forêt de feuillus ou à essences mixtes marque le paysage. Plus haut elle fait plae à la forêt d'épicéas. La limite naturelle de la forêt varie souvent au gré du déboisement. Les pâturages et les alpages sont alors le propre de l'exploitation agricole alpine. Une ceinture de buissons et d'arbustes précède la zone de la maigre végétation des éboulis et des rochers. De fortes différences de relief et d'importantes précipitations estivales n'incitent pas au peuplement, lequel se cantonne en de rares endroits (dans le bassin d'Oberstdorf, dans la vallée du Walsertal, dans la baie de Füssen et dans le bassin de Pfronten). La localité située à la plus haute altitude se trouve à 1100 mètres: c'est le hameau de Gerstruben.

*Hans Frei*

## Illustrations pour l'histoire souabe, de la Préhistoire et de l'Antiquité

Les traces des hommes préhistoriques subsistent en grand nombre dans le paysage souabe. Vestiges et monuments constituent des témoignages importants pour les époques dépourvues de mémoire écrite. Presque 8000 sites archéologiques permettent en Souabe d'illustrer un laps de temps de plus de 100 000 ans de notre histoire matérielle et culturelle. Les découvertes effectuées dans le sous-sol sont présentées dans de nombreux musées régionaux et municipaux.

Des ustensiles de pierre taillée et des outils en os attestent la présence de l'homme depuis le début et le milieu du paléolithique. Des cruches, des coupes et des bols en céramique sont des indices essentiels de colonisation et d'activité économique au néolithique, lorsque la sédentarisation allait de pair avec l'agriculture et l'élevage. Les formes et les types des jarres sont d'excellents repères pour situer les différentes périodes. Les civilisations du bronze et du fer utilisaient des métaux pour élaborer des outils, des armes ou des bijoux. Un gisement de jarres de la nécropole de Unterglauheim (canton de Dillingen), avec deux chaudrons de bronze et deux coupes en or placés dans une grande cuve de bronze témoigne d'une remarquable dextérité. Certains sites de fouilles de tumulus funéraires particulièrement riches permettent d'entrevoir la vie à l'époque des cités lacustres. On trouve aussi, datant des dernières années avant l'ère chrétienne, de nombreux vestiges des Celtes, un peuple qui a marqué de son empreinte une grande partie de l'Europe. La domination romaine, qui dura près de 400ans entre le Ries et le Lac de Constance, est représentée par un ensemble important de monuments au sol et de vestiges.

A côté de la capitale de la province Augusta Vindelicum, que l'écrivain latin Tacite célèbre comme «ville étincelante», de nombreuses villes comme Füssen, Günzburg, Kempten, Nördlingen ou Schwabmünchen, et bien d'autres localités encore en Souabe font remonter leur histoire à une origine romaine. C'est à Augsburg que se concentrent religion, gouvernement, armée, commerce et artisanat. Des vestiges de temples, des statues de dieux et des monuments funéraires attestent le rôle central tenu par cette capitale de province. Des bornes jalonnaient les grandes routes. Les Alamans reprirent l'héritage des Romains ; c'est à eux que remontent la plupart des sites actuels de colonisation.

*Hans Frei*

En haut à droite: coupe en céramique ornée de rainures et de poinçons, trouvée dans le tumulus «Hexenberg», entre Bobingen et Wehringen, datant du 8ème siècle av. J.C., collection du Musée romain. En haut: silex trouvé à Großsorheim; cet artefact d'environ 9 cm de long était utilisé dans le Ries voici quelque 80.000 ans par l'homme de Neandertal. A droite: jarre, chaudrons de bronze et deux gobelets d'or datant du IXème siècle av. J.C. trouvés dans les fouilles de Unterglauheim, près de Dillingen. Musée romain d'Augsbourg.

En haut à gauche: statuette dorée de 45 cm représentant le genius populi romani, le patron des Romains; sans doute une pièce faisant partie de la statue de l'empereur Claudius, 1er siècle ap. J.C. Musée romain d'Augsbourg. En haut à droite: tête de cheval grandeur nature provenant d'une statue équestre de bronze doré; 1ère moitié du II<sup>ième</sup> siècle ap. J.C. Musée romain d'Augsbourg. En bas à gauche: tombeau d'un négociant en vins représentant le transport d'un fût tiré par un attelage de bœufs, datant de 200 ans ap. J.C. Calcaire jurassique. Musée romain d'Augsbourg. En bas à droite: fresque provenant d'une maison romaine près de Schwangau, arrondissement de l'Ost-allgäu, II<sup>ième</sup> moitié du II<sup>ième</sup> siècle ap. J.C.

L e Ries. On reconnaîtra aisément l'arc qui se tend tout autour, coupé par des vallées et des dépressions géologiques avant de poursuivre son cercle, pas tout à fait rond d'ailleurs, mais révélant un paysage d'une rare unité et une réelle harmonie topographique.

*Albert Schlagbauer (1913–2001)*

# Le Ries

Vue sur «le Daniel», la tour de l'église de St: Georg, qui domine la Place du marché.

Nördlingen est considérée comme une ville caractéristique du Moyen Age. Située au carrefour de voies importantes, la ville s'est développée depuis le Moyen Age pour devenir l'un des lieux de foire-exposition les plus importants d'Allemagne.

Ce n'est pas souvent qu'un paysage se voit décerner autant de lauriers que le Ries, ce paysage en forme de cuvette lové entre les plateaux jurassiques de la Franconie et de ceux de la Souabe. Lorsque l'humaniste Veet Ammerbacher originaire de Wemding tient à l'université de Wittenberg, en 1540, un discours sur son pays, il en fit aussi les louanges. «Devant mes yeux flotte la maison natale, où j'ai appris les prémices de la religion et de la vertu, ainsi que les environs aux nombreux sources, étangs, forêts, monts, jardins et prairies; lesquels sont particulièrement beaux. La ville s'étend sur les contreforts septentrionaux de la Rhétie – d'où le Ries tient son nom – cette contrée dont la fertilité du sol et la population ne sont à nulles autres pareilles».

Un peu plus tard, au milieu du XVIe siècle, Sebastian Münster vante dans son ouvrage «Cosmographia» les données économiques de ce pays en indiquant le bon rendement des céréales et la richesse du bétail paissant dans des prairies luxuriantes, les diverses variétés d'arbres fruitiers, les beaux percherons, les nombreux oies et cochons. Et, pour finir, Georg Monninger, le scribe de la ville de Nördlingen lança cette formule en 1893: «l'une des contrées les plus curieu-ses de la Souabe, c'est le Ries. Tout autour, de beaux tertres qui relient en chaîne fermée les juras souabe et franconien, renfermant elle-même un grand nombre de sites mémorables, datant aussi de la préhistoire. Cette plaine d'environ dix-huit lieues est parsemée de cloîtres et de châteaux, de villes et de villages, représentant par là l'un des cantons les plus bénits de la région.»

Ainsi Georg Monninger était-il d'avis que cette contrée était curieuse et il n'avait certainement pas tort, d'autant plus qu'il n'y voyait pas une curiosité mais quelque chose de remarquable, quelque chose qui incite à la réflexion – l'occasion pour nous de suivre les traces de certaines de ces caractéristiques.

Tout d'abord il faut parler de la topographie originale de ce paysage dont les origines ont longtemps laissé perplexes les chercheurs. Ce paysage en forme de cuvette au cercle presque parfait serait-il le résultat d'une violente éruption volcanique ou est-il dû aux raclements provoqués par la poussée d'un glacier. Cette question n'a cessé d'animer les discussions des scientifiques des XIXe et XXe siècles. Jusqu'à ce que deux chercheurs américains, Eugene Shoemaker et Edward Chao trouvent la réponse. Lors d'une de leurs

Dans les trois ruelles des Tanneurs 85 tanneries étaient en activité à la fin du Moyen-Age. C'est dans la maison située au n°39 de la Vordere Gerbergasse que, jusqu'en 1961, le dernier tanneur de Nördlingen exerça son métier.

recherches sur la composition de la masse rocheuse du Ries – effectuée dans la perspective de l'alunissage imminent – ils y trouvèrent les minéraux stishovit et cvesit. Et quand on sait que ceux-ci ne se forment que dans des conditions de pression extrêmes – comme par exemple lors de la précipitation sur terre d'un météore – la signification de cette trouvaille est évidente. D'autres indices corroborèrent cette théorie et bientôt après se vérifiait de façon indubitable que le Ries trouvait ses origines dans la rencontre voici 14,7 millions d'années d'un météore rocheux avec la terre.

Mais comment se représenter le déroulement de cette catastrophe cosmique? Un météore d'environ 1.000 mètres de diamètre traversa l'atmosphère sans rencontrer d'obstacle à une vitesse de quelque 20 km/seconde pour finalement se ficher dans la roche jurassique et les pierres cristallines à une profondeur d'environ 1.000 mètres pendant cette secousse. Ce météore et la roche environnante furent réduits à moins de la moitié du volume initial. En un temps très bref se forma ce qu'on a coutume d'appeler «le cratère primaire», long de quelque 12 kilomètres de diamètre. La pression formidable se propagea à la vitesse de l'ultrason dans la roche environnante mais y perdit aussi par là de son énergie. Le météore et la roche en fusion s'évaporèrent. Mais quelque

L'ancienne maison dite Rotgerberhaus, qui date environ de 1422, compte parmi les exemples les plus impressionnants de cette architecture, dont les caractéristiques étages supérieurs ouverts sur la rue permettaient de faire sécher les peaux.
Les maisons à colombage et les édifices baroques de la vieille ville d'Oettingen (en bas).
A voir, la résidence Oettingen-Spielbreg, dont la façade baroque et l'aménagement intérieur sont inspirés de la Renaissance italienne.

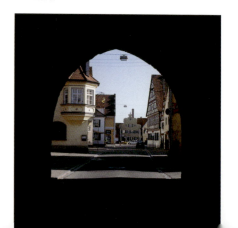

A l'ombre des remparts se niche cette petite maison qui fut contruite après la Guerre de Trente ans .

Nördlingen a aujourd'hui de beaucoup dépassé l'enceinte de ses murs érigés au Moyen-Age. Certes la ville ne put se relever que des siècles après des importantes pertes humaines subies pendant la Guerre de Trente ans. En 1600 la ville comptait 8790 habitants, en 1652 il n'y en avait plus que 4350. Ce n'est qu'en 1939 qu'elle put de nouveau atteindre le chiffre démographique qu'elle connaissait avant cette terrible guerre.

150 km³ de roche furent catapultés lors de ce processus, des blocs de pierre pesant plusieurs tonnes volèrent jusqu'à 60 km à la ronde. Une dépression géologique tout autour du cratère en fut la conséquence. Et de cette façon le diamètre du cratère s'étendit à 25 kilomètres.

Sur plusieurs milliers de kilomètres carrés alentour toute vie animale et végétale fut détruite. Mais le cratère du Ries se remplit d'affluents nés de la nappe phréatique et de l'eau de pluie. Ainsi se forma un lac de cratère qui devait se maintenir quelque deux millions d'années, mais qui peu à peu se remplit d'alluvions et finit par s'assécher. Ce n'est qu'à la fin de l'ère tertiaire que le plateau jurassique et une partie de l'Allemagne méridionale furent soulevés par des pressions tectoniques qui évacuèrent ainsi des nombreux cours d'eau les sédimentations et rendirent sa forme de cuvette au Ries. Mais il faut noter que les cal-caires formés par le lac du Ries opposèrent une pression plus forte que la roche environnante, ce qui donna peu à peu des buttes. Au cours de la période glaciaire le lœss et les sédiments sablonneux recouvrirent le sol; cette évolution forma la base naturelle de la vocation agricole du Ries qui devint le «grenier de la Bavière». C'est à cette époque qu'apparaissent déjà les premiers humains dont la présence y est attestée depuis quelque 80.000 d'années. C'est aussi pendant cette période que s'effectue la transformation de ce paysage naturel en un paysage de cultures.

Le Ries est considéré aujourd'hui par les spécialistes comme un trésor de la préhistoire et de la protohistoire et qui fait état d'une impressionnante continuité dans le processus de peuplement.

On en trouve trace sur l'élargissure qui s'étend de Mündling à la lisière du Ries (où des colonies étaient installées voici déjà 130.000 ans), ainsi que sur l'élargissure de Groß-sorheim (où des colonies étaient installées depuis 70 à 80.000 ans (et on peut parler ainsi du plus ancien arte-fact attesté dans le Ries); les populations des environs vivaient de chasse et de cueillette; des fouilles dans la Grande et la Petite grotte d'Ofnet ainsi que dans «La cuisine des sorcières» près de Lieheim ayant découvert des crânes et des ossements accompagnés d'objets typiques du pourtour méditerranéen témoignent de l'étendue de l'espace culturel du Ries. Bien connue est aussi la plaque calcaire dessinée de traits trouvée dans le «Hohlenstein»; de nombreux autres objets peuvent être désormais admirés dans les musées de Nördlin-gen, Bopfingen et Wemding.

Sous l'empereur Domitien le Ries et la partie nord du plateau furent annexés en 90 av. J. C. par l'Empire romain à la Province Raetia, d'où d'ailleurs cette contrée tire son nom. Les attaques continues perpétrées par les Alamans dès 213 après J. C. forcèrent les Romains à céder la frontière de la Rhétie vers 260 après J. C. pour se retirer derrière la ligne marquée par le Danube. Ainsi le Ries futil occupé par les colonies des Alamans qui y trouvèrent des conditions idéales puisqu'ils s'installèrent sur un terrain déboisé et qu'ils n'avaient plus qu'à faire usage des infrastructures romaines qui se présentaient alors sous forme d'un réseau de voies romaines et de fermes. De grands tronçons de ce réseau furent repris au Moyen Age dans le système des chemins et il semble qu'aujourd'hui encore il représente la majeure partie du réseau actuel. A côté des forts «Losodica» (Munningen) et des «Opie» (Oberdorf) sur lesquels la recherche s'est penchée, les plus de cent domaines agricoles attestés sont les éloquents témoins du passé romain de la région. La ferme située dans la vallée de Maienbach en-dessous des grottes d'Ofnet donne une nette idée de la diversité des bâtiments et de l'importance de la propriété depuis que les fouilles en ont mis à jour les fondations.

Après la victoire de Clovis, roi des Francs, sur les Alamans en l'an 496, le Ries connut une nouvelle phase de colonisation; les Francs y apportèrent de profonds changements tant sur le plan culturel que politique ou social. L'installation des Francs tout comme des Alamans témoigne en tout cas de cette vocation précoce du Ries pour l'accueil des populations.

Aujourd'hui on sait que c'est dès cette phase que s'est précisé définitivement le peuplement du Ries. Il s'agissait alors de petites colonies comprenant plusieurs fermes. Parfois une noble lignée s'y installait, ce qu'on peut constater aujourd'hui encore en bonne partie en en étudi-

C'est à Hohenaltheim que siègea en 916 le synode impérial rassemblé par le roi Konrad Ier. Il ne reste rien de l'ancienne église carolingienne St. Johannes Baptista qui servit de lieu de rassemblement . L'église actuelle date d'environ 1360. Elle fut agrandie au milieu du XVIII ième siècle.
A Wemding se trouve sur la Place du marché la maison natale de Leonhard Fuchs, médecin et botanicien (1501–1566), qui donna son nom à la plante bien connue qu'est le fuschia (à droite).

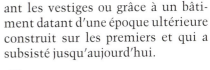

L'église Maria Brünnlein est un des lieux de pèlerinage les plus connus de Bavière. Ses origines remontent à l'action miraculeuse de la statue de Marie qu'un cordonnier de Wemding avait rapportée en 1684 d'un pèlerinage à Rome. En 1748 on posa la première pierre d'une église de pèlerinage, en 1752 la maison de Dieu était terminée (ci-dessus).
Dans la cour du château de la résidence d'Oettingen le visiteur se trouve devant la vieille partie du château, celle qu'on appelle la «vieille monnaie» (à gauche).
Le château-fort de Niederhaus appartenait autrefois à la vieille noblesse de Hürnheim, avant qu'il n'entra à la fin du XVIII ième siècle en possession du Comte d'Oettingen. C'est en 1709 que l'Ordre teutonique fit l'acquisition du château en partie détruit par la Guerre de Trente ans (en bas).

ant les vestiges ou grâce à un bâtiment datant d'une époque ultérieure construit sur les premiers et qui a subsisté jusqu'aujourd'hui.

Ces nobles, de la noblesse locale jusqu'au suzerain territorial, déterminèrent avec les monastères et les églises, mais aussi avec les habitants des villes et des villages le développement de ces colonies, qui malgré toutes les transformations, ont pu garder leur aspect primitif pendant de longues périodes. Ce n'est qu'au XXe siècle que les bouleversements socio-économiques entraînèrent une évolution d'un autre type et partant, des transformations relativement préoccupantes, qui continuent actuellement de changer de façon toujours plus radicale l'aspect du paysage.

Le Ries peut sans conteste revendiquer le titre de région des châteaux et châteaux-forts. Que serait le Ries sans les innombrables forts, ruines, châteaux-forts, fortins, châteaux et châteaux de plaisance? Au milieu du XIIe siècle les nobles lignées d'Oettingen, d'Hürnheim, de Lierheim et de Hohenburg, ces puissantes familles nobles du Moyen Age, apparaissent dans l'histoire. Mis à part le haut lignage d'Oettingen, elles ont toutes disparu. Mais des vestiges de leurs demeures nous ont été en partie livrés.

L'édifice le plus glorieux du Ries est sans aucun doute le puissant château-fort de Harburg, qui domine la vallée de la Wörnitz et la petite ville du même nom; il compte en effet parmi les châteaux-forts les plus importants et les mieux conservés d'Allemagne. Ce château occupé alors par les Staufer est évoqué dès 1150 dans un acte officiel; il revint à la maison d'Oettingen en 1299 en raison d'un nantissement. Chaque année des milliers de touristes s'y arrêtent lorsqu'ils visitent en chemin les nombreuses tours et enceintes des forteresses dressées le long de la Route romantique. Carl Spitzweg lui aussi s'y est plu, lorsqu'il passa par là lors de l'été 1858, si bien qu'il tira par trois fois son carnet de croquis de sa sacoche pour retenir sur le papier les motifs idylliques de ce château.

Dans la partie wurtembergeoise du Ries se trouve le château de Baldern, qui ne fascine pas qu'à cause de sa situation exposée sur un éperon rocheux d'où le visiteur peut embrasser l'horizon du regard, mais aussi en raison de sa collection d'armes très complète que renferment ses murs. Le château de Baldern est, tout comme celui de Harburg et celui de Wallerstein, depuis 1774 la propriété des princes Oettingen-Wallerstein.

Avant ou après la visite des châteaux des Oettingen il ne faut pas manquer de se rendre à la ville résidentielle d'Oettingen, car c'est là qu'autrefois se trouvait la lignée des Oettingen qui pour la première fois donna en 1141 son nom à la résidence. Cette résidence date du Haut Moyen Age, elle a été transformée aux XVIème et XVIIème siècles en un imposant complexe auquel sont

venus s'ajouter de nouveaux bâtiments, mais fut démolie au XIXième siècle. Jusqu'à son extinction en 1731 y résidait la lignée Oettingen – Oettingen, de confession protestante et élevée au rang princier en 1674. Mais à l'autre bout de la ville, pour ainsi dire en couronnement de la Schlossstrasse (rue du château) se dresse aujourd'hui encore le château de la maison princière Oettingen-Spielberg, qui aujourd'hui a gardé l'aspect qu'il avait dès sa construction (1678–1687). Ce château ainsi que l'hôtel de ville – qui date du Moyen Age – représentent l'ouverture architecturale sur l'ensemble que constituent la place du marché – entourée de maisons à colombages – et la rue principale – bordée de bâtiments baroques.

Une ville, deux châteaux. Cette particularité d'Oettingen remonte au partage patrimonial qui s'est effectué au début du XVe siècle au sein de la famille comtable. Ce qui rendit nécessaire la création de deux résidences, de deux administrations et de deux centres ecclésiastiques.

Et lorsqu'au cours de la Réforme l'une des deux lignées se rattacha à la confession protestante, la ville elle aussi fut divisée sur ce point.

A part les châteaux-forts et les châteaux, ce sont les villes qui marquent le paysage du Ries. Mais il y a là des distinctions à faire, car aucune de ces villes ne se ressemble. Ainsi Oettingen, ville-résidence, ou Harburg, ville fortifiée, ou Wemding, ayant appartenu aux Oettingen avant d'être rattachée à la Bavière, ou Bopfingen et Nördlingen, villes impériales, se distinguent nettement les unes des autres, ne serait-ce que par leur apparence et leur architecture. L'ancienne ville impériale qu'est Nördlingen est considérée comme une ville moyenâgeuse modèle, dans les murs de laquelle se retrouvent toutes les caractéristiques d'une ville du Moyen Age. Au centre l'église et l'hôtel de ville, tout autour les remparts – avec leurs fossés et leurs remblais, leurs portes et leurs tours –, puis les cloîtres, l'hôpital, les ateliers et logements des artisans, le quartier des tanneurs

Les bâtiments de la résidence du château de Wallerstein, les jardins, les écuries et les communs représentent un ensemble impressionnant qui date des XVIII ième et XIX ième siècles.

le long de l'Eger, les greniers, les maisons d'habitation des riches négociants, les auberges et les hôtelleries. Le visiteur pourra y découvrir aujourd'hui toutes les caractéristiques d'une ville moyenâgeuse, même si la ville a pris à l'extérieur le visage d'une cité industrielle. Si vous êtes tenté par la découverte de l'histoire de cette ville, ses musées satisferont votre curiosité. En effet, ce n'est pas un hasard si chaque année quelque 90.000 personnes s'y rendent pour revivre de façon authentique les aspects très divers de l'histoire de cette ville.

Les églises et les cloîtres représentent une autre mosaïque du paysage culturel du Ries. On peut bien dire sans exagérer que l'amateur d'art y trouve une quantité de trésors, et ce en un espace réduit. Plusieurs ordres s'étaient installés dans la région: les bénédictins, les cisterciennes et les chartreux, les franciscains et les carmélites. Mönchsdeggingen est considéré comme le cloître le plus ancien du Ries; selon la tradition il remonterait à la création d'une fondation par l'empereur Otto. Mais les documents attestent que le village et le monastère de Mönchsdeggingen ont eté cédés par l'empereur Henri II en 1007 et 1016 à l'évêché de Bamberg qui devait alors reprendre la suzeraineté du monastère. La noblesse de Hürnheim-Hochhaus y joua le rôle de bailli protecteur jusqu'en 1347. Lorsqu'ils rendirent cette année-là leur château-fort de Hochhaus en même temps que le bailliage aux comtes d'Oettingen, le sort de cette abbaye était scellé, de sorte qu'il allait devenir un monastère dépendant de la famille Oettingen. L'ancienne église, de par sa riche décoration intérieure baroque, compte parmi les plus belles du Ries. Tout comme l'église de Maria

Brünnlein, un lieu situé près de Wemding et visité chaque année par plusieurs milliers de pèlerins; elle est très appréciée comme but d'excursion.

Depuis 1999, date de sa rénovation elle rayonne de toute sa splendeur, telle une «Basilica minor». Dans cette contrée aussi on a vite reconnu les avantages d'une politique culturelle et touristique qui n'y soit pas confinée. Afin de conjuguer les

L'église abbatiale de Mönchsdeggingen sise en bordure du Ries compte parmi les plus belles de la contrée ; elle présente une ornementation en stuc magnifique et des fresques au plafond datant de l'époque baroque.

atouts des deux districts aujourd'hui distincts de Donauwörth et Nördlingen, mais qui relevaient autrefois de la même contrée, on créa en 1999 le Comité du Pays de vacances Donau-Ries. Et en effet cela vaut la peine d'attirer l'attention sur l'unité de ce paysage dont le cœur est le cratère du Ries. Si le Ries autrefois était bien «le grenier de la Bavière», aujourd'hui il s'agit de définir ses nouvelles ressources puisque l'importance de l'agriculture décroît. Et justement il y a encore beaucoup à faire découvrir au touriste.

Et pas seulement dans le domaine de l'art, de la culture et de l'architecture; il y a aussi des personnalités connues bien au-delà du Ries. On peut penser entre autres à Hieronymus Wolf, né à Oettingen en 1526 (mort en 1581), qui fut le père de la byzantinologie, ou à Karl Ludwig von Knebel, né en 1774 dans le château de Wallerstein, et qui fut le fidèle ami de Goethe dès la première heure. Il faut aussi citer William Bercy, lui aussi né la même année à Wallerstein, et qui est l'un des pères fondateurs de Toronto. Il faut aussi se rappeler le chevalier Karl Heinrich von Lang, juriste et historien, né en 1764 à la cure de Balgheim, et qui fut tôt apprécié d'un large cercle de connaisseurs dès la publication de ses «Mémoires». Mais il y eut aussi Wilhelm Ludwig Wekhrlin (1739–1792), l'une des plumes satiriques les plus spirituelles et les plus incisives du XVIIIe siècle, lequel passa aussi à la postérité sous le nom de «prisonnier de la grande bâtisse». Car le prince de Wallerstein fut obligé de l'emprisonner pour le protéger, celui-ci devant craindre pour sa vie en raison de ses attaques envers la ville de Nördlingen. Cessons à cette occasion l'énumération, bien conscient cependant qu'on pourrait encore évoquer toute une série de contemporains connus ou célèbres.

On ne peut guère éviter d'être incomplet quand il s'agit d'évoquer un paysage culturel aussi riche et varié. Il n'est pas possible ici de proposer plus qu'une présentation superficielle. Comme l'exprimait déjà en son temps Melchior Meyr (1810–1871), le «classique du Ries» à l'occasion de la description qu'il s'essaya à faire du Ries: «la description d'un peuple, ne serait-ce que d'une fraction représentative, est une tâche que l'on ne saurait jamais considérer comme accomplie». Et c'est bien la raison pour laquelle il convient de s'y rendre, ce qui permettra de se faire personnellement une idée de ce pays et de ses habitants.

*Wilfried Sponsel*

Surplombant la rivière de la Wörnitz le château de Harburg trône sur un éperon rocheux. Sa silhouette actuelle atteste de nombreuses phases de construction, allant des XII ième et XIII ième siècles jusqu'au XVIII ième siècle (à droite). La pittoresque petite ville de Harburg réserve encore bien des coins idylliques au visiteur. Le pont sur la Wörnitz qui s'est maintenu depuis 1729, relie les deux rives de la ville, qui entre-temps a de loin dépassé les limites autour desquelles elle s'était formée au – dessous du château (à gauche).

Qui veut goûter aux délices esthétiques et culturelles de la Souabe doit savoir s'écarter du flot des touristes. A l'est et à l'ouest de la route romantique qui relie Ulm à Neuburg, le tissu urbain du nord de la Souabe invite à la découverte. Le charme de l'opulente campagne entre Ries et Donauried, l'intimité nostalgique des cités grandies à l'ombre de l'histoire, le grand nombre d'édifices présentant un intérêt architectural certain, mais aussi l'attrait de la cuisine de terroir aussi bien qu'internationale qu'offrent les nombreux restaurants, tout cela n'a pas manqué de produire son effet. La piste cyclable qui longe le Danube et relie Donaueschingen à Budapest en passant par Ulm, Ratisbonne et Vienne, en particulier, s'est affirmée comme un succès touristique.

Ce sont en effet les cyclotouristes qui, épris de silence, se donnent les meilleures chances de découvrir les petits coins préservés des vieux quartiers urbains, mais aussi le miracle du Ried, sanctuaire biologique de variétés rares d'oiseaux, et le vaste ciel au-dessus de ce paysage discrètement parsemé de zones habitées. Naturellement, la route nationale 16 ainsi que l'axe autoroutier de la vallée du Danube Ulm-Ratisbonne offrent également des voies d'accès confortables à une région qui se distingue aussi

bien par son souci d'entretenir ses traditions culturelles que par son ouverture aux progrès innovants.

La clémence relative du climat explique également la densité urbaine de la zone habitée qui borde le fleuve, fleuve qui, comme l'attestent de nombreux documents, constituait pour les Romains un rempart de choix contre d'éventuelles poussées belliqueuses des Germains. Plus tard encore, c'est le long de cette voie qu'eurent lieu bien des événements décisifs qui influèrent durablement sur le destin de l'Europe. Le château de Leitheim, à l'est de Donauwörth est représentatif de cette persistance d'une histoire vivante. Aux Concerts du Château de Leitheim, organisés régulièrement depuis 1959, se pressent des musiciens venus des principales métropoles culturelles de La Bavière et du Würtemberg. Dominant la vallée du Danube, ce bâtiment fut construit pour être une résidence d'été par les Cisterciens de Kaisheim dans les dernières années du XVIIème siècle, puis un demi-siècle plus tard, agrandi et décoré dans un style typique du rococo bavarois. A partir de 1835, le Château de Leitheim devint la propriété d'une dynastie de drapiers de Nüremberg, et, depuis quelque quarante ans, il est accessible aux visiteurs. Parmi les objets précieux qui y sont exposés, on compte le crucifix mortuaire de Marie Stuart.

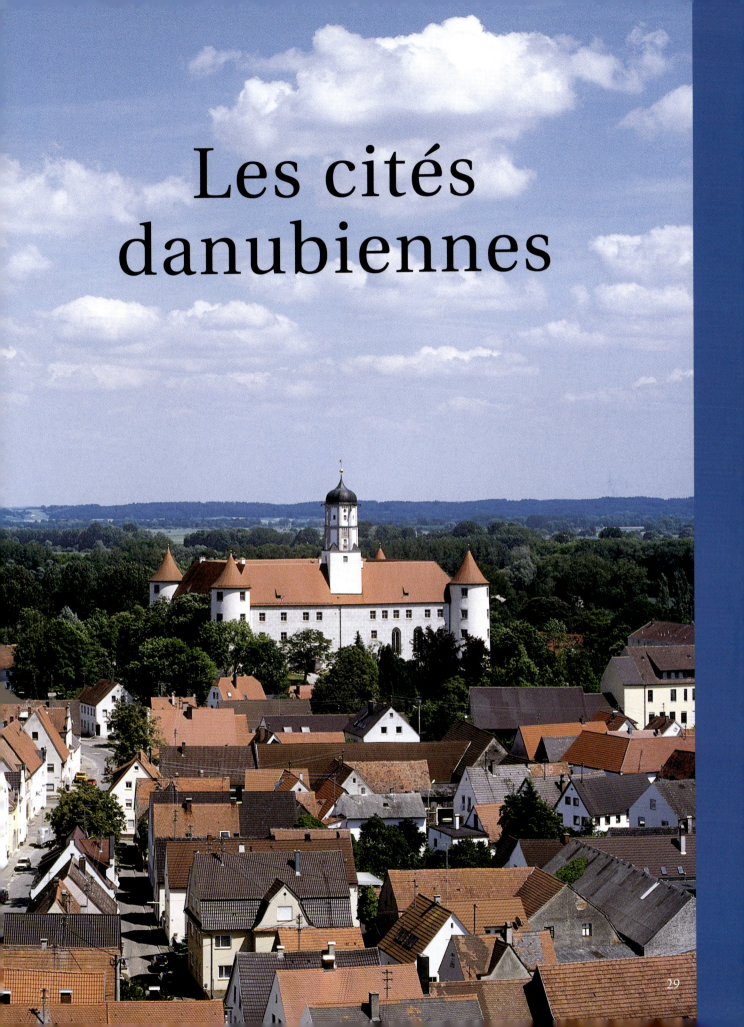

# Les cités danubiennes

Pages 28/29: Le château Renaissance de Höchstadt domine la ville et la plaine du Danube.
Pages 30/31: de gauche à droite: A chaque pas, le visiteur des villes de la vallée septentrionale du Danube rencontre des vestiges de l'histoire, et des décors idylliques.
Le château de Leitheim, autrefois résidence d'été des herboristes de Kaisheim, a étendu sa notoriété grâce à ses concerts.
La Porte des Teinturiers à Donauwörth est un souvenir des puissantes fortifications d'autrefois.
Bien que Donauwörth soit le siège d'innombrables firmes à la pointe du progrès, les photographes trouvent toujours de pittoresques points de vue, comme ici au confluent du Danube et de la Wörnitz.

En suivant le cours du Danube, le voyageur atteint avec Donauwörth la première des villes de Souabe du nord qui, à peu de distance l'une de l'autre, bordent la rive septentrionale du fleuve. Donauwörth, dont l'existence est mentionnée pour la première fois en 1030, a su, malgré des destructions ravageuses en 1945, conserver et restaurer de nombreux témoignages de son histoire. Citons parmi les plus célèbres la chaussée impériale, qui faisait déjà partie du réseau routier allemand du Saint Empire Romain Germanique, la Maison de l'Ordre des Chevaliers Teutoniques, l'un des plus anciens vestiges de l'ordre des moines-soldats germaniques, la résidence du Commandeur de la ville, reconstruite en 1950 à la suite des dommages de la Seconde guerre mondiale, la Maison de la Danse, autrefois centre de la convivialité de cette Ville Franche impériale, ainsi que la masse imposante de la basilique gothique à trois nefs Notre Dame la Bien-Aimée avec ses fresques médiévales et sa Pummerin, la plus volumineuse de toutes les cloches de Souabe.

Sa position sur le devant de la scène lors de la Guerre de Trente Ans a conféré à Donauwörth une importance particulière. Un conflit entre Protestants et Catholiques conduisit l'empereur Rodolphe, à placer en l'an 1608 la ville au ban de l'Empire. C'est le Duc de Bavière Maximilien I qui fut chargé de l'exécution. De ce fait, dès 1608, plusieurs places impériales se rallièrent à l'Union Evangélique, sous l'égide du Prince Palatin. Un an plus tard naissait la Sainte Ligue Catholique. Dès lors se faisaient face les deux camps d'un conflit qui devait se déclencher avec la Défénestration de Prague en 1618.

C'est évidemment sa situation privilégiée sur la Route romantique et au cœur d'un nœud ferroviaire qui a favorisé le développement du grand chef-lieu de canton qu'est devenu Donauwörth. La position centrale de la ville au sein de la région économique Danube-Ries se reflète dans le grand nombre d'entreprises modernes qu'on

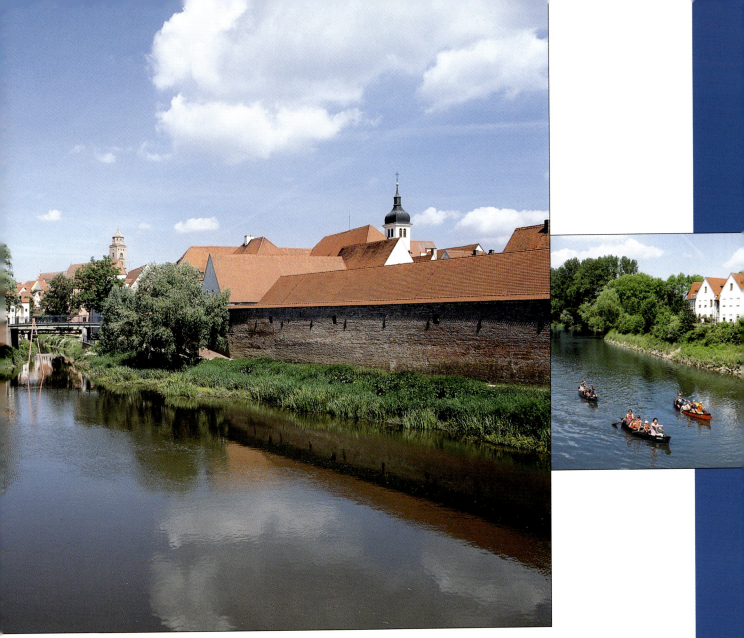

y trouve. La firme européenne SARL surtout, atteint une dimension supra régionale: elle est partenaire d'un complexe franco-allemand qui est connu comme l'un des plus gros producteurs mondiaux dans le domaine de l'aéronautique.

Entre Donauwörth et Höchstädt, la route nationale 16 passe à proximité de la localité de Donaumünster, dont le château est étroitement lié au nom d'Alexander von Bernus (1880–1965). En tant que rédacteur de la revue Freistatt, de 1902 à 1905, ce poète et alchimiste entretint des contacts amicaux avec des auteurs tels que Ricarda Huch, Else Lasker-Schüler, Frank Wedekind, Franz Blei, Rainer-Maria Rilke, Paul Scheerbart, Stefan Zweig, Thomas Mann et Hermann Hesse. C'est au château de Donaumünster que Bernus passa ses dernières années. En 1995 y fut fondée la Société Alexander von Bernus, dont la vocation est de veiller sur l'œuvre très étendue du poète.

Majestueux édifice, le château Renaissance de Höchstädt domine la plaine du Danube. Il fut érigé au XVIème siècle par Philipp-Ludwig, troisième duc de la jeune Principauté de Palatinat-Neuburg. La disposition en quatre ailes du bâtiment délimite une cour de forme presque carrée. Les trois corps de logis sont flanqués aux angles extérieurs de quatre tours rondes. La sérénité alpestre, qui règne toujours sur ces lieux depuis le plus haut Moyen Age, leur confère un cachet particulier. Le château connut son heure de gloire entre 1616 et 1632, lorsque Anna von Jülich Kleve und Berg, veuve de Philipp Ludwig apporta à la ville l'éclat de la cour. Après avoir servi successivement de siège de la magistrature, de prison, de recette des finances, de commissariat de police et de maison de retraite, le château est resté inoccupé une vingtaine d'années à partir de 1967. Aujourd'hui il abrite en son rez-de-chaussée le Forum pour l'histoire de la Souabe, qui, grâce à de coûteux travaux de rénovation, fut créé par le Conseil Régional de la Souabe en vue d'or-

Dillingen, jadis ville de la Résidence et de l'Université, a su préserver son centre historique à travers les siècles.
De gauche à droite: la Königstrasse, avec la Mitteltorturm est restée l'artère principale de Dillingen.
Devant l'Hôtel de Ville de Dillingen, des groupes attablés aux terrasses entretiennent durant la belle saison une atmosphère méridionale: Cet ancien bâtiment universitaire de Dillingen abrite aujourd'hui l'Académie bavaroise pour la formation continue et le développement personnel.
La puissante tour du château de Dillingen signalait autrefois la résidence des Princes-archevêques d'Augsburg.

ganiser des manifestations culturelles, notamment des expositions.

Des découvertes occasionnelles de matériel militaire dans les champs situés à l'est de la ville continuent à rappeler le souvenir de la bataille de Höchstädt (1704). Winston Churchill est venu deux fois en visite dans la contrée. A intervalles réguliers, des soldats d'élite de l'armée britannique se rendent sur la base militaire de Battle-of -Blenheim. A la sortie de la localité en direction de Blindheim, un monument commémore les soldats tués de cette bataille, qui, avec la victoire du Prince Eugène, constitua un tournant décisif de la Guerre de Succession d'Espagne.

La ville de Dillingen s'est développée en tant que centre commercial du canton de Dillingen. Mais c'est aux XVIème et XVIIème siècles que la ville a connu son plus grand épanouissement culturel, lorsque les Jésuites fi-

rent de l'Université l'un des centres les plus célèbres de la Contre-Réforme. C'est une décision des archevêques-électeurs d'Augsburg qui permit à Dillingen d'accéder au rang de ville universitaire: pendant la période de la Réformation, ils transférèrent leur résidence dans cette ville sûre restée fidèle aux catholiques et ils en firent la «Rome de la Souabe». Des témoins architecturaux rappellent le prestige de cette époque jusque dans les environs de la ville. Mais le monumental palais archiépiscopal, ainsi que la basilique Saint Pierre sont restés les points de repère marquants de la vieille ville. La Studienkirche, construite au début du XVIIème siècle, avec son mur-pilastre considéré comme un modèle du genre, figure au premier rang du patrimoine de l'architecture religieuse du Sud de l'Allemagne. Cette église, qui fut jadis celle de l'Université, se rattache au complexe impressionnant que forment les édifices de l'ancienne Université. Le bâtiment appartient aujourd'hui à l' Académie pour la Formation Continue et le Développement

Personnel des Enseignants de Bavière. Des enseignants venus de toutes les régions de Bavière fréquentent les cours de cet Institut qui dispense également des programmes d'aide au développement lors de la constitution de centres de formation pédagogique à l'étranger, et notamment en Chine.

Hormis dans quelques textes satiriques de chansonniers, il n'est plus question aujourd'hui de l'hostilité d'antan qui opposa la papiste Dillingen à sa protestante voisine Lauingen, inféodée jadis au duché de Palatinat-Neuburg. Dillingen et Lauingen constituent même à elles deux un remarquable exemple de centre bicéphale d'activités. La propension à l'entraide et à la tolérance dont font preuve la municipalité et les habitants de Lauingen s'est concrétisée il y a quelques années par la construction d'une mosquée qui procure à de nombreux concitoyens musulmans de la ville le sentiment de retrouver une patrie religieuse.

Le statut de deuxième ville de résidence des Ducs de Palatinat-Neuburg conférait à Lauingen une certaine prospérité. Les façades des maisons cossues pourvues de hauts pignons, surtout sur la Herzog-Georg-Strasse, sont à interpréter comme des manifestations de suffisance bourgeoise. Tous les visiteurs sont conquis par les petits coins pittoresques des faubourgs. A Faimingen, faubourg de l'ouest de la ville, le temple en partie restauré d'Apollon-Granus rappelle la présence autrefois des Romains, qui fortifiaient la frontière danubienne grâce à la citadelle et au Vicus Phoebiana. Ce n'est que depuis 1981 que l'on connaît le nom de ces colonies romaines qui s'étendaient à l'extérieur. Cette année-là, on découvrit dans le sous-sol de l'église paroissiale de Gundelfingen deux stèles liminaires porteuses d'inscriptions concordantes.

Gundelfingen, quatrième cité danubienne du canton de Dillingen, est un modèle exemplaire de réhabilitation et

Le tissu urbain de la vallée souabe du
Danube offre des attractions touristiques à
découvrir.
De gauche à droite: comme des nids d'hiron-
delles, les maisons à pignons et encorbelle-
ments s'accrochent à l'ancien rempart de
Lauingen, dans la basse vallée de la Brunnen.
Un vieux centre citadin restauré est devenu
un espace de commerce et de vie: la place du
marché de Günzburg.
La Frauenkirche de Dominikus Zimmermann affiche une restauration respectueuse
de son style d'origine.
L'intérieur de la Frauenkirche de Günzburg
apparaît au visiteur comme une féerie de
lumière.

d'assainissement réussi d'un centre urbain ancien. La
vue dont on jouit à travers l'arche de la tour de garde sur
la Professor-Bamann-Strasse a été prise d'innombrables
fois en photo, depuis. Le centre, avec ses demeures
bourgeoises rénovées, donne la preuve que les centres urbains historiques peuvent rester pittoresques, tout en
répondant aux exigences d'un quartier commerçant
moderne.

Ici aussi, habitants et visiteurs rencontrent à chaque pas
des témoignages de l'histoire. Les armoiries de la ville
rappellent le soulèvement de la ville au temps des
Hohenstaufen, les vestiges des fortifications maint assaut ennemi, ainsi que la remarquable intrépidité de la
population de Gundelfingen. En récompense de la vaillante résistance dont la ville fit preuve lorsqu'elle fut as-
siégée, dans les années 1461–1462, par le Marquis
Albert-Achille, le Duc de Bavière Louis le Riche lui oc-
troya un privilège qui, aujourd'hui encore, nourrit bien

des rêves nostalgiques: pendant longtemps, Gundelfingen fut dispensée de la moitié de l'impôt municipal.

Peu avant Günzburg, on est salué, du haut d'une éminence qui surplombe le Danube, par la forteresse de
Reisenburg. Cet édifice qui remonte à l'époque des Romains et dont l'état de ruine suscitait tout au plus l'enthousiasme des Romantiques a été restauré et aménagé
en Institut International pour la Coopération Scientifique. Il redevint le point de mire du monde politique lorsque, en 1989, il constitua le décor pompeux d'une rencontre au sommet entre le Chancelier Helmut Kohl et
François Mitterrand. Ce fut d'ailleurs pour Mitterrand
l'occasion d'acquitter une dette française, qui remontait
à l'année 1804: Napoléon I avait tout simplement laissé
impayée à Günzburg une ardoise de plus de 423 Florins.

La ville de Günzburg, située sur l'ancienne route posta-
le de Vienne à Paris, reçut tout au long de l'histoire des

visiteurs de marque. La Princesse de Habsbourg Marie-Antoinette fit une halte de plusieurs jours à Günzburg, avec 57 voitures et 370 chevaux, au cours du voyage qui la conduisait à Versailles pour son mariage. Le trafic animé qui régnait sur cette voie apportait de l'argent à la ville. Au XVIIème siècle, sur les 43 maisons qui bordent la Place du Marché, 19 étaient des Hôtelleries qui possédaient leur propre licence de brasserie. De 1764 à 1767 était installé dans l'actuel Hôtel de Ville un établissement de monnaie pour les marches de l'Autriche occidentale. Le Taler Maria-Theresia, monnaie battue à Vienne, rappelle jusqu'aux temps présents, avec son poinçon SF, les maîtres-monnayeurs Tobias Schöbl et Joseph Faby.

Günzburg forme aujourd'hui, avec Leipheim, ville située à l'ouest, un centre de moyenne importance. La réforme communale du territoire a renforcé la position centrale de Günzburg dans le nord-ouest de la Souabe.

Cette fonction s'affirme dans l'intense vie culturelle, pour laquelle ont été créées, avec le Forum am Hofgarten, des conditions idéales.

Touristes et amis de l'art du monde entier s'accordent un petit crochet depuis l'autoroute A8 toute proche jusqu'à Günzburg afin d'y visiter la Frauenkirche de Dominikus Zimmermann. Cet édifice de style rococo représente une étape de transition architecturale avant la Wieskirche.

Cependant, ce qui suscite encore plus d'intérêt au voisinage de la ville, c'est le Lego-Park, quatrième mondial. Ce Legoland, constitué de cinquante millions de briques Lego, fut inauguré en mai 2002 et a drainé, dès sa première saison, 1,3 millions de visiteurs.

*Erich Pawlu*

# Le coin d'Ulm

«Il est un coin tranquille et serein entre l'Iller et la Günz: un ondoiement de collines, tantôt vagues amples, tantôt terrain à peine bosselé avec des forêts profondes qui s'étendent à perte de vue en suivant les courbes de l'horizon». Telle est la description idyllique que l'historien d'art Herbert Schindler, parti alors en Souabe à la recherche d'éléments baroques, fait de la région appelée «le coin d'Ulm».

De temps immémoriaux la poésie s'est volontiers enivrée de mots aux dépens de la réalité. La circonscription de Neu-Ulm qui s'étend, avec l'ensemble de ses 17 communes, dont le chef-lieu d'arrondissement Neu-Ulm et les villes de Senden, Vöhringen, Weissenhorn et Illertissen, entre le Danube et l'Iller, est en réalité un territoire fortement industrialisé et urbanisé. Bien que peu étendu – il ne couvre que 515,6 km$^2$ – et comptant ainsi parmi les plus petites circonscriptions de l'état libre de Bavière, avec ses quelque 160.000 habitants, il est, après Augsbourg, la deuxième agglomération souabe de Bavière et, par là, bien autre chose qu'un paradis pour ermite lassé du monde.

Région d'innovation, parc scientifique, centre Edison, Technopole (TFU), telle se présente «la bande des quatre de la vallée de l'Iller». Quand on parle de la circonscription de Neu-Ulm ceux qui reconnaissent le primat des critères de l'économie – comme le PIB ou l'impôt sur le revenu (où, sur 81 circonscriptions, la région arrive en deuxième position en Bavière) – ceux-là ne se sentent plus. Mais quand on demande à ces messieurs, veste de loden et chemise de lin folkloriques, quelles impressions positives leur viennent à l'esprit à propos de la circonscription de Neu-Ulm, on s'entend répliquer rageusement qu'il faut avant tout citer le prêt optique perpétuel que le Wurtemberg a généreusement accordé à son jeune partenaire bavarois, à savoir la vue sur la flèche de la cathédrale gothique, l'Ulmer Münster. Et les frontons pointus des

maisons du quartier des pêcheurs de la ville impériale que fut Ulm. Ce que la vox populi traduit en disant que ce qu'il y a de mieux à Neu-Ulm, c'est le regard qu'on peut porter sur Ulm. En clair: ce n'est pas sur cette langue de terre lovée entre le Danube et l'Iller, que le touriste peut se distraire ni que la culture peut damer le pion au reste du monde.

Ici on se hâte lentement et il a fallu reculer pour mieux sauter. Cela a duré un bon moment jusqu'à ce que la ville de Neu-Ulm, venue au monde en 1810 sous les forceps de Napoléon, se transformât en une robuste commune pétant de santé alors qu'à sa naissance elle n'était qu'une ville-frontière anémiée, sans même un nom bien à elle, puisqu'elle n'était désignée que par «Ulm sur la rive droite du Danube». Soucieux d'attirer des colons sur ce modeste territoire fangeux des bords bavarois du Danube, le roi Maximilien 1er Joseph y avait posé une serre d'exception propice à l'abattement d'impôts; en effet qui s'établissait à Neu-Ulm était dispensé de taxe foncière pendant cinq ans; qui asséchait les marais pour planter des cultures n'était, pendant dix ans, pas redevable de l'impôt non plus. Mais le 5 Juin 1867, les habitants de Neu-Ulm ne se sentirent plus d'aise en déchiffrant dans le Augsburger Postzeitung le message suivant: «Dans quelques années Neu-Ulm se trouvera être le nœud ferroviaire où passeront quatre nouvelles lignes, deux menant vers la Bavière et deux autres vers le Wurtemberg et elle deviendra ainsi la plus belle et la plus animée des villes de Bavière.»

Avant que leur roi Louis II s'évanouît, tel un rêve divin, après s'être retiré comme un ermite au château

Photo S. 36/37: C'est la ville d'Ulm, autrefois ville libre impériale – ici présentée dans son quartier des pêcheurs – qui donna son nom à la langue de terre qui s'étend entre le Danube et l'Iller. En haut: La Forteresse des aigles, du haut de laquelle A. L. Berblinger, connu sous le nom de «tailleur d'Ulm», prit son envol pour atterrir peu après en catastrophe. En bas et au milieu: flânerie dans le quartier des pêcheurs.

de Berg, les notables gonflés du désir d'avancement lui adressèrent «le plus humblement la requête d'accepter (leur commune) parmi les villes». Conquis par l'irrésistible ascension de cette localité-frontière, le roi conféra à cette dernière la dignité de ville le 29 septembre 1869. En 1891, cette même ville, issue du néant pour accueillir garnison et fonctionnaires, fut élevée au rang de ville indépendante du canton, statut qu'elle perdit en fait lors de la réforme territoriale de 1972 ; en revanche elle bénéficia d'un apport démographique de 14000 habitants ainsi que d'un doublement de la surface de son territoire, qui s'étendait désormais sur 80 km².

Fort d'un passé de 130 ans en tant que ville, ce chef-lieu n'a plus rien d'une bourgade bonnet de nuit de l'époque de la Restauration. Ce qui n'est pas le cas non plus des quatre autres villes: Illertissen, Senden, Vöhringen et Weissenhorn. Dès le milieu du XIXe siècle au plus tard, lorsque de talentueux entrepreneurs tirèrent profit de la force hydraulique de l'Iller dans les fabriques de tissage et les laminoirs, démarra dans cette contrée un audacieux projet de développement qui fit de ce canton comptant 300h/km², l'un des plus densément peuplé de l'Etat libre de Bavière.

Mais le plan de carrière de Neu-Ulm ne s'arrête pas là. Si, comme le prévoit le projet «Neu-Ulm 21», – comme jadis pour les voies des chemins de fer fédéraux d'alors qui traversent les territoires urbanisé – on fait passer ces voies désormais en souterrain, dans ce cas sera réuni ce qui est indissociable, à savoir l'ancien cœur de la ville et le nouveau quartier sud qui se construit sur l'emplacement des anciennes casernes américaines Wiley. Grâce à l'exposition bavaroise d'horticulture prévue en 2008 pourra se réaliser la vision qui consisterait à tendre un réseau luxuriant de verdure entre le Danube, que longe la partie sud de la ville, avec son quartier tourné vers l'avenir en raison du quartier

des télécommunications, et le quartier de Ludwigsfeld.

On pourrait alors y paresser sur un bac, histoire de goûter le bleu du ciel d'un soir d'été. Dans le coin d'Ulm, on peut encore s'offrir le luxe d'une pause: il n'est guère de commune où l' «on ne trouve un jardin ombragé par les châtaigniers où déguster une bière entre amis ou assister au coucher du soleil qui disparaît lentement entre deux clochers. Comme dans cette contrée le paysage est à peine vallonné, il s'agit d'une région à l'aspect terriblement normal, et pour plus de dépaysement il est recommandé de partir à sa découverte sur un bon vélo en empruntant les pistes cyclables qui longent le Danube et l'Iller. Et c'est aussitôt un monde composé d'art, de culture et de magnifiques paysages qui s'ouvre à vous.

Ce que les dieux des Romains avaient déjà su apprécier en leur temps; en effet on peut dire que ce sont justement les meilleures plages des bords du Danube et de l'Iller qu'ils choisirent. L'un d'eux, le dieu fluvial Danuvius, assiste chaque année au «Nabada» qui passe avec sa suite bigarrée. Un lundi de juillet des radeaux enchaînés les uns aux autres glissent sur le Danube, tandis que des milliers de badauds se pressent sur les rives pour encourager les rameurs et les nageurs, les Nabader, qui s'en donnent à cœur joie. Cette coutume est particulièrement authentique. Tout comme la procession à cheval, le fameux Leonhardiritt de Weissenhorn, qui compte aussi parmi les traditions les plus hautes en couleurs sous le soleil bavarois ; tout comme aussi la procession des corps des martyrs du 15 Août qui, à Roggenburg, rappelle l'époque du désarroi religieux, pen-

En haut: à Obenhausen, l'auberge La Grappe bleue au milieu: la Porte des remparts d'Illereichen, surmontée de la maison du gardien. C'est dans ce lieu idyllique que fut créé le Forum des femmes européennes. En bas: entrée de Weißenhorn, ville ayant autrefois appartenu aux Fugger. On peut voir les puissantes tours de l'Oberer Turm, le Nouvel hôtel de ville et dans le prolongement, au nord, le bâtiment de la balance publique.

dant laquelle l'église catholique qui tremblait alors sur ses bases était heureuse de pouvoir recourir à ces témoignages de souffrance des saints des catacombes.

Et d'ailleurs, à Roggenburg, on oublie très vite l'éventuel malaise que peut provoquer la vie urbaine. Ici rien de plus simple pour jouir de la nature et se ressourcer que de se rendre au cloître de Roggenburg qui, il y a encore 200 ans, était le centre religieux d'un état s'étendant sur 50 km² et s'est aujourd'hui réveillé de son long sommeil grâce à l'ordre des Prémontrés qui en on fait un centre culturel et écologique ouvert à tous et plus particulièrement aux familles. Ce cloître vous incitera à partir à la découverte de la région. Plus encore qu'à Ottobeuren, où la basilique fut érigée par ses soins près d'un monastère agencé comme un palais, l'architecte Simpert Kraemer, originaire d'Edelstetten, a exprimé à Roggenburg ses talents et sa sensibilité dans une architecture toute créative. Au-dessus des versants boisés de la vallée de la Biber l'église rayonne de sa sublime sérénité.

Le soleil brille et c'est le moment idéal pour jouir, en canot sur l'étang, de l'harmonie qui se dégage de l'église collégiale. Et tant pis pour les courbatures que le nageur téméraire aura pu contracter si le fond de l'air est déjà automnal. Les douleurs te-

naces peuvent se soigner dans le jacuzzi de la piscine Atlantis de Neu-Ulm ; il s'agit là du temple balnéaire actuellement le plus moderne du sud de l'Allemagne: l'eau puisée à plus de 1000 m de profondeur bouillonne tandis que l'intensité des vagues artificielles est réglée par ordinateur. Mais on peut aussi choisir de faire de la musculation au «Nautilla» d'Illertissen pour éviter l'agressivité des moustiques qui sévissent près de l'une des nombreuses gravières des environs. D'ailleurs à Illertissen on peut aussi visiter le musée des arts et traditions folkloriques de la région, lequel a trouvé sa place dans une vaste résidence princière – autrefois château-fort – qu'a transformé la famille patricienne Vöhlin originaire de Memmingen ; dans l'une des salles, depuis novembre 1983, une véritable reine, l'Apis mellifica, l'une des reines des abeilles, tient sa cour. N'oublions pas non plus l'église paroissiale de St Martin, un monument élevé en l'honneur de l'esprit de la Renaissance tourné vers l'Antiquité; on y trouve l'autel très ouvragé du sculpteur neubourgeois Christoph Rodt: des anges musiciens dominent de onze mètres un groupe de personnages sacrés dont l'axe vital s'élève vers le ciel tel une pyramide.

Parfois courber l'échine sur un vélo en s'y faisant les mollets a aussi du bon ; on a en effet envie de goûter à

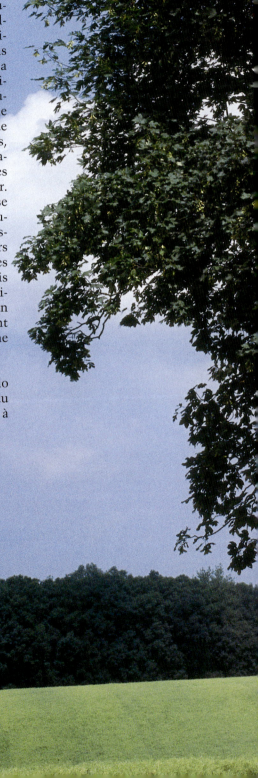

En haut: Une nouvelle affectation a tiré de son sommeil le cloître de Roggenburg. Au milieu: la bibliothèque du cloître.
En bas: à Illertissen, l'autel conçu par Christoph Rodt que renferme l'église paroissiale catholique de St Martin représente un monument élevé en l'honneur de l'esprit classique de la Renaissance.

la gastronomie locale, prêt à passer sur les odeurs de friture; car elle existe encore l'auberge de village – il suffit de s'adresser à la présente maison d'édition pour en avoir l'adresse – où sur les fourneaux se marient les Spätzle, ces fameuses pâtes fraîches souabes, avec un substantiel rôti de porc garni d'oignons revenus à la poêle, ce plat principal ayant été précédé d'un brouet garni de lamelles de crêpes. Pour arroser le tout on n'a que l'embarras du choix: pour un panaché ou une bonne bière à la pression les jeunes brasseurs de Biberach ou de Messhofen sauront vous conseiller.

Ces auberges de villages sont aussi considérées comme des lieux propices à la convivialité. Ce qui est encore plus le cas lorsque, entre novembre et février, l'ensemble du canton propose son festival de théâtre. Ces semaines-là les salles des auberges connaissent le joyeux brouhaha de la comédie où la paysanne du coin se transforme pour un soir en Circé et le facteur en chasseur de dot, tandis que le curé se meurt d'amour. C'est une véritable maladie, sinon comment expliquer autrement que l'Association catholique des compagnons artisans de Weissenhorn ait aménagé, dès 1876, sous les combles d'une halle de pom-

piers, un théâtre miniature décoré de motifs de l'époque du classicisme? Théâtre, quand tu nous tiens ... Le cœur bat au lever de rideau, à l'annonce de la représentation d'un opéra bouffe.

Pourtant même une visite éclair à Weisshorn permet de satisfaire les nostalgiques du décor. En effet, à l'intérieur d'un ovale, long de 300 mètres et large de 175 mètres, formé par une forteresse, se pressent, comme blottis les uns contre les autres, pas moins de deux châteaux, une église, l'hôtel de ville, le fameux théâtre et une kyrielle de maisons bourgeoises aux façades pittoresques. L'entrée en est marquée par une massive tour coiffée de deux tourelles en redan. La fresque qui se trouve au-dessus de son portail est célèbre: le peintre Anton Bischof (1877–1962) y a représenté, en des couleurs quasi-expressionnistes, l'émeute des 12000 vilains qui le 1er avril 1525 se rassemblèrent devant cette porte. Du rez-de-chaussée de cette poivrière jusqu'au faîte de la porte s'est installé l'écomusée, lequel attire les visiteurs venus admirer des objets culturels rares, dont – et c'est à peine croyable – quatre dessins attribués au génial vénitien Giovanni Battista Tiepolo.

Dans le coin d'Ulm les musées se présentent dans une rare densité. Les fans d'Astérix ne manqueront pas d'aller, par exemple, visiter l'ensemble muséal de Neu-Ulm situé sur la Petrusplatz, où l'on trouve aussi, dans la partie consacrée à l'art préhistorique, ce harnais magnifique déposé à côté d'une amphore contenant des ossements de porc et qu'un prince celte, dont le tombeau fut découvert jadis dans la campagne d'Illerberg, avait emporté dans l'au-delà comme viatique. Dans les salles voisines sont rassemblés des tableaux et des sculptures d'Edwin Scharff, originaire de Neu-Ulm, un contemporain de Lehmbruck, Barlach et Kolbe.

Depuis 1999 les artistes de l'endroit sont logés à bonne enseigne par le canton: ils ont pu installer dans l'ancienne brasserie d'Oberfahlheim, un joyau de l'époque baroque tardive, de par son fronton en redan à deux étages, un musée d'art plastique. A l'intérieur les artistes locaux prouvent dans des expositions temporaires combien peut être excitante, en province, l'expression artistique.

Plus qu'excitant, renversant et comparable à un véritable tremblement de terre fut l'évènement que relate dans son journal le père Benedikt Baader, l'archiviste du cloître d'Oberelchingen, le lundi 14 octobre 1805 à sept heures et demie:

«semblable à une noire nuée annonçant la grêle et la tempête, l'armée des soldats français descendit sur les villes d'Ulm, Steinheim, Strass et Fahlheim pour se ranger pour la bataille». Peu après sortaient des guérets du Danube les fantassins en uniforme bleu et blanc pour chasser les Autrichiens sous une grêle de feu d'artillerie et les forcer à remonter vers le monastère. Certains boulets de canon avaient d'ailleurs atterri directement dans l'ancienne église collégiale. Lorsque Napoléon pénétra en vainqueur le 16 octobre 1805 dans la maison de Dieu, il fut tellement saisi à la vue de tant d'or et de faste qu'il s'écria: «C'est vraiment le salon du Bon Dieu!»

Le salon du Bon Dieu appartenait alors au prince électeur bavarois: il le tenait de Napoléon en dédommagement de la perte de la rive gauche du Rhin. Cependant avec l'achèvement subit du Saint empire romain germanique ce ne fut pas seulement la fin du cloître bénédictin d'Elchingen placé sous la protection de l'Empire ; le glas sonna aussi pour les Prémontrés qui avaient pu former leur état à Roggenburg. La Bavière élevée au rang de royaume eut bientôt un pouvoir décisionnel sur toutes les parties du puzzle que les marches de l'Autriche antérieure des Habsbourg avaient peu à peu conquises sur le territoire de ce canton, ainsi que sur celui qui se trouvait sur la rive droite du Danube et qui faisait partie de l'ancienne ville impériale qu'était Ulm. Il fallut du temps jusqu'à ce que Neu-Ulm et son canton s'affirment et obtiennent rang d'égalité avec Ulm.

*Eduard Ohm*

Page 42: toute de blanc et d'or, telle est l'église de St Pierre et St Paul, autrefois l'église collégiale du cloître des Bénédictins d'Oberelchingen. Page 43: en haut: le château de Neu-Ulm, longtemps résidence de nobles familles, se trouve dans le quartier de Hausen. Au milieu: l'église gothique du village de Reutti St Margareta est d'un intérêt architectural rare. En bas: à Illertissen, la ville et l'ensemble de la vallée de l'Iller sont dominées par le château de Vöhlin. Photos pages 39/41/43 Designbüro Bauer & Partner, Neu-Ulm

# La Moyenne Souabe

La Moyenne Souabe, est-ce que ça existe vraiment? Et si oui, où? Est-ce le pays des «Souabes moyens», ou bien une Souabe du Centre, ce Centre que nos partis politiques appellent si souvent de leurs vœux? Ne serait-ce pas plutôt une Souabe du juste milieu? Le Ries appartient sans conteste à la Souabe du Nord, l'Allgäu à celle du Sud...mais où faut-il situer la Moyenne Souabe?

C'est déjà bien assez difficile de faire comprendre à un étranger qu'il y a «de la Souabe» non seulement en Würtemberg, mais aussi entre l'Iller et le Lech. La remarque, que l'on doit à un éditeur de littérature souabe, selon lequel la Souabe ne serait pas une simple province n'aidera pas davantage cet étranger – par exemple un visiteur du «Legoland» de Günzburg – à y voir plus clair... On ne s'étonnera donc pas que les autochtones eux-mêmes éprouvent une certaine difficulté à définir l'espace de la Moyenne Souabe. Les dénominations des trois régions administratives de la Souabe (Augsburg, Danube-Iller, Allgäu),ne nous seront pas non plus d'un grand secours, pas plus d'ailleurs que les noms de cantons comme Dillingen, Neu-Ulm, Günzburg ou Unterallgäu: il n'y a pas d'entité administrative ou territoriale qui porte le nom de Moyenne Souabe. Reste alors à procéder par élimination. Dillingen et même le Ries danubien doivent être portés au crédit de la Souabe du Nord, Neu-Ulm à celui de la Souabe de l'Ouest, et l'Allgäu à partir du canton de l'Unterallgäu à celui de la Souabe du Sud, ; Augsburg et le canton du même nom, en raison de leur entrelacs socio-économique

45

avec Aichach et Friedberg, pourrait- en être à proprement parler partie intégrante.

D'une certaine manière ce qui reste – sans qu'il soit non plus permis de parler de «reste» – c'est le canton de Günzburg, plus précisément sa partie méridionale. A Günzburg, des décennies durant, ont eu lieu les expositions de la Souabe de Nord, tandis que, d'autre part, c'est à Krumbach, (qui s'autoproclame «cœur de la Moyenne Souabe») qu'apparaissent les Nouvelles de la Moyenne Souabe, (qui donneront naissance au journal Augsburger Allgemeine). Dans ce journal, il est aussi fréquemment question, depuis la réforme territoriale de 1972, de l'«ancien canton de Krumbach», en référence à l'ancien siège de la sous-préfecture. Ici, tout comme à Neuburg an der Kammel, également situé autrefois dans le canton de Krumbach, nous pouvons vraiment nous sentir en terrain authentiquement «moyen-souabe». Cela vaut-il également pour le Nord de l'actuel canton de Günzburg, qui donne son nom à l'ensemble? Laissons-nous donc avertir, sinon convertir, puisque cela semble de toute façon superflu. Le bourg de Jettingen-Scheppach, sur le territoire duquel se trouve Allerheiligen, définit officiellement son domaine communal comme «le centre de la Souabe bavaroise». Eh bien, dans ce cas, on doit naturellement en dire autant de Wettenhausen, qui se situe au même niveau. Par conséquent, la Moyenne-Souabe dont nous nous apprêtons à décrire les richesses patrimoniales, se laisse au moins définir par le sentiment d'appartenir à une contrée pleine de charmes et chargée d'histoire, qui ne se contente pas d'héberger trésors et raretés, mais qui désire aussi les présenter et les faire partager.

### Krumbach

Celui qui aborde la ville par le Nord est saisi par le coup d'œil unique sur un paysage de toits et de tours pointées vers le ciel qu'offre le site de

Page de titre: Vue intérieure de l'église Saint Michael de Krumbach, l'une des œuvres maîtresses de Simpert et Johann Martin Kraemer. Page de gauche: Saint Michael, qui marque de son empreinte emblématique le cœur de la cité de Krumbach. Ci-dessous: La station thermale de Krumbad s'est taillé une réputation de premier plan dans le domaine des établissements de repos et de soins. Les forêts environnantes invitent à la promenade.

la ville, sise dans une vallée que l'on peut embrasser du regard: ce premier coup d'œil panoramique laisse déjà de loin présager beaucoup de cette beauté offerte aux regards. En effet, en suivant le chemin qui longe la vallée, après une inévitable zone artisanale logiquement située en bordure de route, très vite s'épanouit la beauté mignonne d'une petite collectivité qui s'est développée jusqu'à être, en 1895, élevée à la dignité de ville. Le souvenir de cette promotion solennelle fut joyeusement célébré en 1995 ; celui de la réforme territoriale de 1972, qui s'accompagnait de la délocalisation de la sous-préfecture, de la recette des finances et du tribunal cantonal vers le grand chef lieu de canton de Günzburg, le fut moins.

Avec l'exigence de la création d'écoles et l'implantation d'un office d'exploitation de l'eau ainsi que d'un commissariat de police, l'Etat libre de Bavière a essayé de compenser, au moins en partie, les conséquences de la réforme territoriale. La perte du statut de chef-lieu allait de pair, comme toujours, avec une situation défavorable en matière de voies de communication: il fallut batailler sans relâche pour le maintien de la voie ferrée unique reliant à Günzburg et à Mindelheim, et les autoroutes A 7, A

8 et A 96, qui indiquent pourtant des sorties pour Krumbach, sont en fait éloignées de la ville de près de 25 km.

Cependant, cet ancien bourg des marches autrichiennes a su préserver son autonomie. Aujourd'hui comme autrefois, on sent les pulsations vitales de cette ville qui a su s'affirmer comme le cœur d'un terroir à la structure rurale, et dont la population continue à venir chercher formation, loisirs, biens de consommation et emploi dans son ancien chef lieu de canton. Le vieux centre de la cité joue toujours son rôle de cœur de ville, rôle qui se manifeste par une vitalité intacte. L'église paroissiale Saint Michael (l'une des œuvres maîtresses de Simpert et Johann Martin Kraemer) et le château voisin (il fut bâti au XVIème siècle à l'époque de la seigneurie du conseiller impérial Hans Lamparter von Greiffenstein), comme aussi la place du marché avec son hôtel de ville historique construit en 1679 fondent l'identité du cœur de la cité tout en la marquant de leur empreinte, dans un environnement de belles maisons bourgeoises, source de fierté intérieure sans arrogance extérieure.

Le musée et le cimetière juif rappellent l'époque où Krumbach abritait une importante communauté juive ; la chapelle funéraire Ste Marie avec sa Nativité de Konrad Huber aux dimensions imposantes conforte la réputation de Krumbach comme haut lieu des crèches souabes.

Enfin, le château sur l'eau de Hürben, ainsi que la station thermale de Krumbad, qui jouit d'un renom sans égal comme lieu de cure et de soins, invitant aussi à de reposantes promenades à travers la forêt environnante, accentuent le caractère verdoyant de cette cité.

Krumbach est en somme une aimable petite ville dont le rôle n'est plus à définir. Petite cité à taille humaine, elle invite à une découverte des yeux et du cœur: on y trouvera non pas des «Souabes moyens», mais la mesure exacte de la Moyenne Souabe.

## Neuburg an der Kammel

$\mathfrak{S}$i le charme de Krumbach se révèle au premier coup d'œil jeté depuis la hauteur sur la vallée, pour Neuburg, c'est l'inverse: la tour de défense des remparts et le corps de logis de l'ancien château de Vöhlin attirent vers le haut les premiers regards du visiteur. Le bâtiment, érigé en 1567 dans le style de la Renaissance, servait de résidence à l'opulente famille de marchands Vöhlin, de Memmingen. Une allée de tilleuls conduit jusqu'à la cour du château, et, de là, le visiteur accède aux pièces de l'édifice, délicieusement restaurées pour servir d'hôtel et d'auberge gastronomique. Tour à tour propriété de l'état et du baron von Arentin, il est passé depuis 1998 à l'homme d'affaires Peter Baumann, de Gundelfingen. Concerts, bals, fêtes locales et foires ont rendu la vie à ce château et à son environnement.

$\mathfrak{B}$ien d'autres raisons poussent le visiteur à descendre de la terrasse du château pour pénétrer dans la localité. Que vous soyez croyant, amateur d'art averti, ou tout simplement un touriste curieux, vous pourrez admirer en chemin dans l'église paroissiale Mariae Himmelfahrt (l'Assomption), l'une des plus belles Dépositions de Croix en trois dimensions qu'il soit donné de voir. Elle est l'œuvre du plus illustre enfant de la cité, l'excellent maître-sculpteur Christophe Rodt (1578–1634), dont une plaque apposée sur une maison d'artisan un peu en dessous de l'église paroissiale commémore l'existence. Le groupe statuaire de Rodt se compose de personnages en pied isolés qui forment pourtant une unité scénique et qui, selon les points de vue différents adoptés par le spectateur, produisent des effets variés. Au bourg de Neuburg an der Kammel appartient aussi depuis 1978 Edelstetten, qui fait partie des lieux rattachés à la commune. Le château d'Edelstetten, un bâtiment à trois étages comme Binnenhof, construit entre 1682 et 1705, est actuellement réhabilité avec l'aide des subsides de la collectivité. L'église

sompteusement aménagée compte parmi les œuvres maîtresses de l'architecte d'Edelstetten Simpert Kraemer. Les propriétaires du cloître, les princes Esterhazy, se réjouissent de sa mise au service du public par le

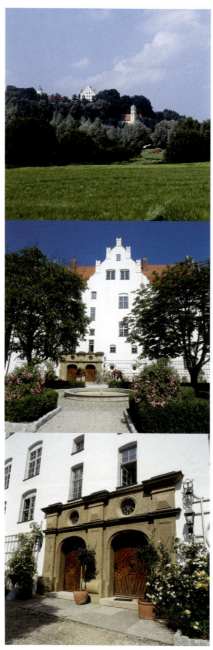

En haut, page de droite: le château de Neuburg an der Kammel, un édifice Renaissance a été rappelé à une vie conviviale.
La décoration florale des fenêtres illustre le sentiment des habitants, qui se reconnaissent dans leur environnement.

biais des «Archives de la Littérature souabe». Ces archives ont d'ores et déjà propulsé le château, avec sa pittoresque «salle chinoise», sur le devant de la scène, grâce à une série de manifestations culturelles, notamment le «Prix de la Littérature de Bavière et de Souabe» qui y est décerné, ainsi que le concours «Des écoliers racontent...». Avec sa remarquable église seigneuriale, cet établissement est en bonne voie pour devenir un nouveau centre d'attraction de Neuburg.

## Wettenhausen

$\mathfrak{S}$i la «salle chinoise» d'Edelstetten est encore à peine un concept, le rayonnement de la salle impériale de Wettenhausen s'étend bien au-delà des étroites frontières de la commune. A propos de rayonnement: nombreux sont ceux qui déplorent à juste titre que la communauté de communes créée dans le mouvement de la réforme territoriale n'ait pas reçu le nom de Wettenhausen, mais la dénomination beaucoup plus artificielle de «Kammeltal». Après tout, l'actuelle portion du territoire communal occupée par Wettenhausen s'inscrit au tout premier plan de notre patrimoine historique et religieux. Son cloître, un splendide bâtiment de l'époque baroque, fait partie des joyaux architecturaux de la Moyenne Souabe. Les clochers à bulbe de l'église abbatiale, qui datent de l'année 1612, correspondent à l'image que l'on se fait de l'harmonie parfaite qui doit unir un beau paysage et une culture. Au XIIème siècle siège des chanoines Augustiniens, aujourd'hui cloître de l'ordre des Dominicaines abritant également un lycée dépendant des œuvres scolaires du diocèse d'Augsburg, Wettenhausen se présente comme l'établissement claustral le plus imposant de la Moyenne Souabe

$\mathfrak{D}$ans l'église et dans le cloître, qui forment une unité harmonieuse, se développe l'art des stucateurs de Wessobrunnen. La Salle des Actes en particulier fut aménagée en 1694 en tant que première salle impériale des

baillages de Souabe avec des stucs et des fresques: ornée de dix fresques allégoriques, d'une frise au motif dentelé de feuilles d'acanthe courant d'un mur à l'autre, de onze médaillons gravés et d'anges entourant le tableau central, elle exprime de manière irrésistible la volonté de donner une forme parfaitement maîtrisée, religieusement motivée et artistiquement exprimée par la richesse des formes, à la célébration de la gloire des Habsbourg. Le visiteur y vit une émotion à la fois spatiale et esthétique résultant de ses dimensions, de l'accord parfait de ses proportions, et de sa décoration. Formes, lumière, couleurs composent une œuvre d'art totale dont les effets inspirent le respect et l'admiration pour une prestation architecturale et artistique de haut niveau.

La salle impériale fut décorée de stucs en 1694 par Hans Jörg Brix de Günzburg; l'auteur de la statue de l'ange plus grand que nature est malheureusement inconnu, les onze fresques destinées à glorifier la Maison des Habsbourg ont été peintes par Paul Etschmann, de Wiblingen. La salle avait beaucoup perdu de sa beauté après sa sécularisation, et, plus tard, pendant la seconde guerre mondiale. Elle a été rétablie dans sa splendeur en 1964–65, à l'occasion du centenaire de l'installation des Dominicaines à Wettenhausen.

### Allerheiligen

La somptueuse église «Allerheiligen» (de Tous les Saints) illustre bien l'appartenance du canton Nord de Günzburg au «triangle baroque de Souabe», dénomination proposée par Claudia Jahn, de Offingen, dans son mémoire sur les mouvements de population dans cette région. Ce concept a été repris sur les panonceaux bruns et blancs destinés au tourisme qui jalonnent l'autoroute A 8.

En partant à pied de Scheppach, l'un des lieux-dits de la commune de Jettingen-Scheppach, lorqu'on arrive au pied du «Mont-Sacré», on a encore à gravir plus d'une centaine d'«en-

jambées» avant de parvenir sur le plateau qui couronne la hauteur, une sommité boisée, autrefois fortifiée, d'où l'on peut enfin jouir d'une vue panoramique sur le paysage. On se trouve alors devant la nef d'une église rococo. De son abside Sud s'élève un clocher. Sur le flanc Nord de l'église se trouve un petit ermitage. Autour du clocher s'étend un presbytère à deux étages qui comprend aussi une sacristie, et, à l'étage supérieur, un oratoire pour le chœur.

La nef fut construite en 1731–32 par Simpert Kraemer, d'Edelstetten. Le mur longitudinal, percé de quatre fenêtres en plein cintre, est jalonné par de larges pilastres avec socles, bases et chapiteaux.

La nef centrale de Allerheiligen est un ouvrage de jeunesse, mais déjà très prometteur, de Joseph Dossenberg. On admet généralement qu'elle fut construite entre 1753 et 1755. L'architecte du couvent, originaire de Wettenhaus, a bien saisi au Mont-Sacré l'intention de Dominikus Zimmermann concernant le mur latéral, intention qui affirme encore l'originalité du plan du chœur grâce à un renforcement de l'espace central. Les fresques du plafond et des voûtes,

Page de gauche: Wettenhausen, aujourd'hui couvent de Dominicaines, et, aujourd'hui comme naguère, vue plongeante sur la vallée du Kammel. En Haut: les rues garnies d'arbres embellissent l'aspect des localités de la Moyenne Souabe et accentuent le sentiment de fierté des propriétaires de maisons.

en tout 26 tableaux, comptent parmi les plus importantes dans l'œuvre de Johann Baptist Enderle. Les scènes représentées vont de l'Adoration des Mages à la Présentation de Jésus enfant au Temple. Cette église votive est l'un des lieux les plus prestigieux de la Moyenne Souabe. A l'endroit même où, depuis le XIVème siècle, on vient prier avec ferveur pour bien accoucher s'élève une église visible de loin dans toute la contrée, et dans laquelle depuis des siècles le Chœur Souabe en l'honneur de Marie attire chaque année de nombreux visiteurs proches ou lointains. Piété populaire et grand art ont scellé ici une indéfectible et harmonieuse alliance.

Après avoir visité la Maison de Dieu, on franchit allégrement le seuil de l'auberge voisine. Jakob Seiter, qui sur le «Mont-Sacré» perpétue une tradition familiale vieille de 125 ans, régale ses hôtes d'un air de cithare, et les invite même à chanter. Avec ses casse-croûte maison confectionnés à partir de sa propre charcuterie et de son gibier, il invite à faire halte, les jours de grand soleil, à l'ombre des châtaigniers âgés eux aussi de quelque 125 ans.

A Allerheiligen comme dans d'autres localités, au sein d'un paysage certes riant et charmant mais aux formes douces, des valeurs se sont forgées qui, au travers de générations, n'ont rien perdu de leur importance pour les hommes: un art de grande classe mais dénué de prétention, une foi profonde sans bondieuserie, un attachement au pays natal sans esprit de clocher sont autant de raisons de rendre visite à la Moyenne-Souabe. En effet, ce n'est pas «une simple province», et ce n'est même pas du tout «la province», si ce mot suppose un rétrécissement du champ de vision, une façon mesquine d'aborder les choses. La Moyenne Souabe est cependant une province dans la bonne acception du terme, si l'on entend par là une forme de vie où l'on s'ouvre aux autres sans renier ses propres racines, mais en s'y reconnaissant tout naturellement.
*Rudolf Köppler*

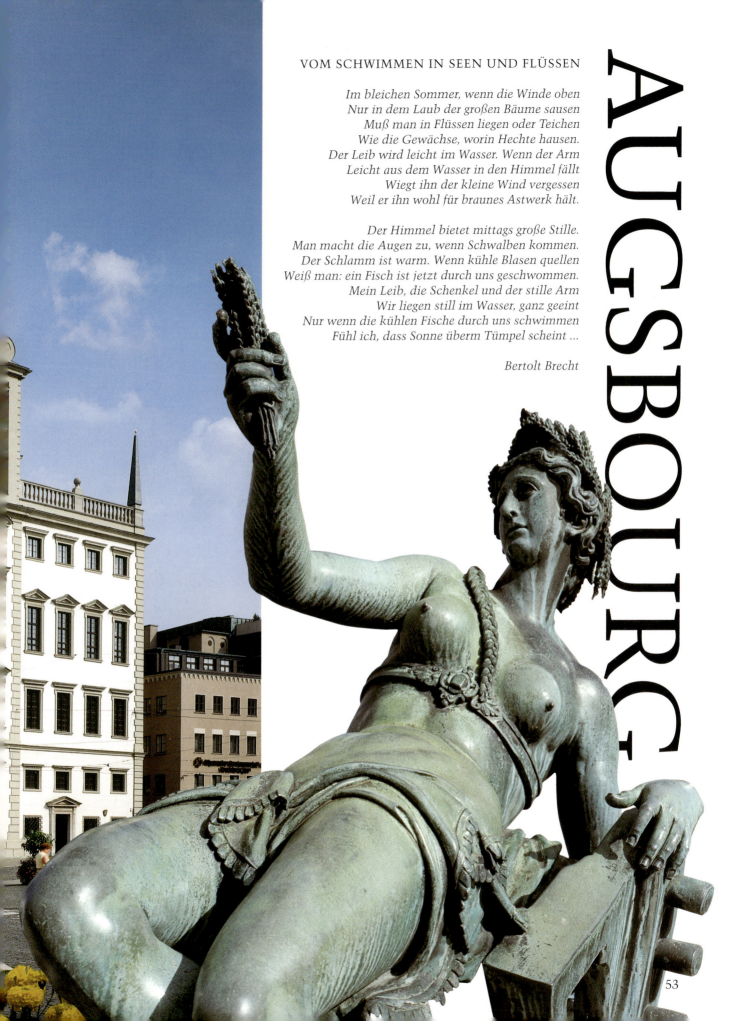

VOM SCHWIMMEN IN SEEN UND FLÜSSEN

Im bleichen Sommer, wenn die Winde oben
Nur in dem Laub der großen Bäume sausen
Muß man in Flüssen liegen oder Teichen
Wie die Gewächse, worin Hechte hausen.
Der Leib wird leicht im Wasser. Wenn der Arm
Leicht aus dem Wasser in den Himmel fällt
Wiegt ihn der kleine Wind vergessen
Weil er ihn wohl für braunes Astwerk hält.

Der Himmel bietet mittags große Stille.
Man macht die Augen zu, wenn Schwalben kommen.
Der Schlamm ist warm. Wenn kühle Blasen quellen
Weiß man: ein Fisch ist jetzt durch uns geschwommen.
Mein Leib, die Schenkel und der stille Arm
Wir liegen still im Wasser, ganz geeint
Nur wenn die kühlen Fische durch uns schwimmen
Fühl ich, dass Sonne überm Tümpel scheint ...

Bertolt Brecht

AUGSBOURG

Beaucoup d'encre a déjà coulé à propos des rapports difficiles qu'entretenait Bertolt Brecht avec Augsbourg, sa ville d'origine. Et pourtant l'on sent bien dans les premiers poèmes de Brecht un profond accord avec ce lieu. La production lyrique de sa jeunesse est traversée par l'eau, tout comme sa ville. Voici la Wertach et le Lech qui se réunissent au nord de la vieille ville dans les prairies sauvages de Wolfzahnau. Voici les rives du Lech où s'enchevêtre la végétation, voici les bancs de galets du fleuve aux ondes vertes, voici les étangs et les marais sous les lianes et les racines, où l'eau et le ciel se confondent.

C'est à cette eau que s'approvisionnent les nombreux canaux qui courent en bruissant du sud vers le nord à travers la ville. Par endroits ils sont équipés d'échelles jalonnant des pelouses aménagées tout exprès pour les baigneurs qui ne manquent pas d'aller se reposer à l'ombre d'un aulne blanc après avoir nagé à contre-courant. L'Eiskanal a même eu l'honneur de figurer parmi les parcours olympiques, en 1972, lors des courses de canoë. C'est là aussi que se trouve l'usine de distribution d'eau, un monument classé, datant de la fin du XIXe siècle, qui – tout comme celui de la Wolfzahnau aux magnifiques voûtes en briques – témoigne bien de l'importance de l'eau, ce qui a incité de longue date les Augsbourgeois à innover dans les domaines de la technique et de l'architecture. Le barrage du Hochablass marqué par ses jolies tourelles vertes canalise les eaux tumultueuses du Lech dans toute la largeur de l'imposante rivière. D'en haut les promeneurs considèrent avec étonnement ce cours d'eau, qui au sud est encore une étendue d'eau calme

La fontaine d'Auguste, première fontaine d'apparat, réalisée par Hubert Gerhard, devant l'hôtel de ville construit par Elias Holl 1615–1620 (page précédente). La fontaine d'Hercule conçue par Adrien de Vries, et à l'arrière-plan vue sur l'église St Ulrich (en haut). Pour le deuxième millénaire de la ville, en 1985, la Salle dorée de l'hôtel de ville , détruite par un incendie en 1944 lors de bombardements, a été reconstituée selon l'original (en bas).

agrémentée de canards et de cygnes, mais qui, sitôt franchi le barrage, se transforme au nord, à leurs pieds, en des chutes mugissantes. Tandis que ceux qui, plus bas, allongés pour un bain de soleil sur le banc de galets, jouissent du léger frisson qui leur parcourt l'échine au spectacle de cette masse d'eau tonitruante qui se déverse sous leurs yeux.

Au cœur de la ville aussi l'eau est omniprésente. Dans les quartiers de la ville basse dite Lechviertel, car les eaux du Lech y coulent à travers les canaux des Vorderer, Mittlerer et Hinterer Lech restitués dans un souci de sauvegarde architecturale. Dès le Moyen Age ils fournissaient les artisans en énergie et ont transporté les déchets; aujourd'hui leurs eaux limpides passent en bruissant sous d'innombrables passerelles qui rendent au quartier une atmosphère qui n'a rien de celle d'un musée. L'eau passe aussi devant la maison natale de Bertolt Brecht, au nº 7 de la rue Auf dem Rain, à laquelle on ne peut accéder justement que par une passerelle. On se plaît à dire qu'Augsbourg compte plus de ponts que Venise. Mais là-haut, dans la Maximilianstrasse l'eau aussi domine, retenue cette fois-ci dans trois magnifiques fontaines. Les statues d'Auguste, de Mercure et d'Hercule qui les ornent se voient conférées par cet élément une généreuse légèreté; et quand le föhn baigne d'une lumière méridionale les façades historiques, quand l'Italie, par delà la chaîne des Alpes d'où s'échappent le Lech et la Wertach, se fait toute proche, quand la pleine lune ponctue de son disque le clocher de St Ulrich et que la jeunesse savoure un verre de vin aux pieds d'Hercule, sensible à l'atmosphère du lieu, cette ville se montre

Symbole du commerce, la statue en bronze du dieu Mercure, conçue en 1599 par Adrian de Vries et réalisée par Wolffgang Neidhard. A l'arrière-plan la maison des tisserands (en haut).
Le Palais Schaezler passe pour le plus impressionnant édifice rococo d'Augsbourg. Il abrite aujourd'hui la Galerie allemande de maîtres baroques et la Collection bavaroise de peintures. La grande salle de réception longue de 23 m présente un plafond magnifiquement décoré de fresques de Gregorio Guglielmi (en bas).

alors sous un jour qui n'aurait pas même laissé Brecht indifférent.

Augsbourg est une ville généreusement dotée par l'histoire et l'eau y joue
un rôle important. Au confluent du
Lech et de la Wertach les Romains ont
établi un quartier militaire peu avant
notre ère; il devint bientôt le centre de
la nouvelle Province impériale, la
Rhétie – Augusta Vindelicum. La Via
Claudia Augusta la reliait à l'Italie. Le
long de la voie qui passait sur les berges
hautes – et ainsi protégée des crues des
cours d'eau alpins – naquit dans les
siècles qui suivirent la ville épiscopale,
à l'endroit même où se dresse la cathédrale, au Sud, la cité des marchands qui
devait devenir une vraie ville, et tout
au bout de cette terrasse en surplomb
les églises de St Ulrich et de St Afra. En
955 l'évêque Ulrich défendit la ville
contre les Hongrois lors de la Bataille
du Lech. Ce qui lui valut d'être représenté par un poisson et d'être connu
aussi comme saint patron des eaux.

Augsbourg fut l'une des premières
villes du Moyen Age à organiser un ap-
provisionnement collectif en eau pota-
ble. En 1804 encore, le poète August
von Kotzebue s'étonne devant «cet ex-
traordinaire ouvrage d'art qui approvi-
sionne si abondamment en eau les
nombreuses demeures et fontaines...
Rapide, comme autant de pensées pratiques véhiculées Dieu sait comment
par les fines capilarités dans le cerveau,
et qui de là, une fois couchées sur le papier, vont se répandre dans le monde,
l'eau est collectée dans de grands réservoirs hauts de quatre étages avant de
repartir par des milliers de tuyaux jusque dans les maisons des particuliers
qui pourront, comme bon leur semble,
(tout comme c'est le cas quand on pen-

L'histoire de la cathédrale est attestée depuis l'année
823. Sa partie la plus ancienne est sans aucun doute
la crypte située sous le chœur occidental, creusée
par l'évêque Ulrich au Xe siècle. Des fresques des
époques romaine et gothique , également sur les
voûtes ; quatre triptyques de Hans Holbein l'Ancien.
Les quatre vitraux des prophètes Jonas, Daniel, Josué
et Moïse (sans doute du XIIe siècle) comptent parmi
les plus anciennes représentations humaines
d'Allemagne sur vitrail. Le déambulatoire orné de
pierres tombales du XVe siècle (en bas).

se librement) en faire un usage domestique ou au contraire, n'en ayant pas besoin, la laisser couler». Et aujourd'hui encore, il faut le souligner, la ville dispose d'une eau abondante d'excellente qualité qui provient directement des forêts du Siebentischwald et elle est très attentive au maintien de cette qualité. La Via Claudia, veine vitale courant du nord vers le sud, favorisa un commerce florissant, les canaux du Lech stimulèrent l'artisanat, comme par exemple la tannerie dont les plus riches et célèbres représentants, les Fugger, connurent grâce à leur pouvoir financier, une renommée mondiale. Ils décidèrent de l'élection de l'empereur Charles Quint en 1519 et influencèrent profondément la politique de l'Empire, non sans en tirer eux-mêmes profit en conséquence. En contrepartie ils firent donation de la première cité de l'empire réservée aux nécessiteux, la Fuggerei, laquelle est aujourd'hui encore régie selon la volonté de ses bienfaiteurs.

Au début de l'époque moderne Augsbourg était le centre politique et culturel de l'Europe, la ville où siégeaient les représentants de l'Empire, la ville de la Réformation, celle aussi de la Renaissance. C'est là que furent menés les débats entre catholiques et luthériens; l'église et le cloître de St Anna y jouèrent un rôle déterminant (en 1518 Luther s'y arrêta pour défendre ses thèses contre Cajetan); c'est ici que lors de la Diète de l'empire de 1530 fut proclamée la Confession d'Augsbourg, c'est ici qu'en 1555 fut scellée la Paix d'Augsbourg. Quelques décennies plus tard furent dressées dans la Maximilianstrasse les prestigieuses fontaines qui furent alimentées par les réservoirs installés à la Rote Tor grâce aux travaux du génial architecte qu'était Elias Holl. La technique d'un maître s'y con-

Les fresques de gothique flamboyant de la chapelle des orfèvres de l'église protestante paroissiale St Anna, ancienne église du cloître de l'ordre des Carmélites, ont été restaurées avec soin.
Vue sur la nef latérale septentrionale de l'église catholique St Ulrich (au milieu). Dans la basilique de gothique flamboyant, qui recèle également de précieuses pièces de l'époque baroque et de la Renaissance, se trouvent les tombeaux épiscopaux de Sainte Afra et des saints Ulrich et Simpert (en bas).

jugait à la réussite culturelle. Ces fontaines exprimaient la fierté de savoir tirer parti intelligemment de cette précieuse matière première qu'est l'eau. Sur la place de l'Hôtel de ville on ajouta à la statue d'Auguste les représentations symboliques des cours d'eau qui traversent la ville, à savoir le Lech, la Wertach, la Singold et le Brunnenlech, dont, une fois domptée, la force assura à la ville bien-être et qualité de vie. Ce que reconnut aussitôt la Reine Christine de Suède qui déclara en l'an 1655: «Augsbourg est l'une des plus belles villes d'Allemagne, l'une des plus distinguées et des plus célèbres; elle est située dans une plaine charmante où l'eau coule de toutes parts, ce qui rend le sol très fertile».

En construisant un nouvel hôtel de ville en face de la fontaine d'Auguste, Elias Holl faisait flotter sur la ville un air qui rappelait l'Italie. Fort de son expérience acquise dans la ville lagunaire de Venise il offrit aux Augsbourgeois «un nouvel édifice bien proportionné», conçu rationnellement, sans doute l'exemple le plus séculier de la Renaissance en Allemagne; ce qui contribua à la renommée de la ville libre impériale. Aujourd'hui encore, grâce à soixante fenêtres généreusement ordonnées, la Salle dorée, cette salle centrale de l'Hôtel de ville est baignée de lumière. A la suite des bombardements de février 1944 les Augsbourgeois se sont donné pour mission première de restaurer la Salle dorée, conformément à l'original. Tandis que juste à côté la Tour Perlach se dresse au-dessus de la place de l'hôtel de ville, lui conférant également une allure italienne.

Tout au long du mur d'enceinte de la ville, dû en bonne part à Elias Holl, on retrouve des coins idylliques au bord de

La Fuggerei passe pour être la cité consacrée aux nécessiteux la plus ancienne du monde. Jakob Fugger Le Riche ainsi que ses frères Ulrich et Georg sont les donateurs de cette colonie qui devait secourir les indigents et qui fut créée pour des motifs religieux. Mus par une foi inébranlable (qui fait le bien ira au ciel) conjuguée à une nouvelle idée de l'homme inspirée par l'humanisme des débuts de la Renaissance, ils firent construire ces habitations dès 1516 et en 1523 52 d'entre elles étaient déjà terminées.

l'eau qui marquent de façon originale la physionomie de la ville; ainsi des lieux dits: Am Graben – qui s'étend à l'ombre des châtaigniers du Rote Tor jusqu'au Vogeltor, au pont de la Barfüßerbrücke et au cinéma Liliom – ou du Fünffingerturm d'où l'on parvient, après avoir traversé prairies et bosquets, au Oblatterwall tout près de la maison paternelle de Brecht que l'on peut gagner en canot. Déjà en son temps, au milieu du XIXe siècle, l'historien d'art Wilhelm Heinrich Riehl taxait de romantique et non de martial «ces remparts en partie écroulés... flanqués de puissants ponts de pierre et d'aqueducs... qui enjambent les sombres fossés mystérieux non loin de la fontaine de l'empereur Maximilian» ou «ces plans d'eau paisibles aux alentours des Portes Jakobertor et Oblattertor». «Il s'agit bien là de ce que l'on appelle le nouvel art romantique; il s'est constitué au cours du temps et nous parle, dès les abords des portes de la ville, de l'histoire et du caractère de celle-ci. Les tilleuls et les châtaigniers centenaires qui forment les allées des remblais, témoignent de l'attitude pacifique des anciennes villes libres de l'empire, ce qui se reflète dans leurs ouvrages de défense. Depuis le XVIe siècle les cerfs et les biches évoluent dans les fossés, des cygnes ondulent sur les eaux limpides aux pieds des remparts de la ville basse et sous la mousse on trouve des truffes délicieuses».

Dans la Salle rococo du Palais Schaezler qui sert de toile de fond aux jeux d'eau de la fontaine d'Hercule, les éléments bourgeois ont des accents princiers. La richesse à l'origine de cette construction prestigieuse provenait de l'habileté des orfèvres augsbourgeois et du talent des banquiers à faire prospérer leurs affaires; mais l'expression cul-

Chaque maison s'ouvrant sur un jardin, les familles pouvaient facilement vivre des produits du jardinage. Chacune d'entre elles disposait de son propre logement, entièrement équipé, y compris les couverts. Rester digne dans l'indigence, telle était l'idée; aussi n'y avait-il pas de loyer dont s'acquitter. Il suffisait de donner un florin chaque année et d'accomplir journellememt son office, à savoir trois prières pour les donateurs et bienfaiteurs.

turelle s'inspirait du monde de la noblesse dans lequel avaient évolué les «promoteurs», le baron Liebert von Liebenhofen et son gendre le baron von Schaezler. A l'occasion de l'inauguration de la salle en 1770, Marie Antoinette compta même parmi les invités, un événement qu'aujourd'hui encore les habitants roturiers d'Augsbourg ne manquent pas d'évoquer. Et il ne fait pas de doute que la fille de l'empereur François Premier d'Autriche sut apprécier la somptueuse perspective de la Maximilianstraße que lui confèrent les trois fontaines, quand bien même celle du milieu, la fontaine de Mercure montre de façon ostentatoire que l'on se trouve bien dans une ville de marchands.

Le moine Johann Nepomuk Hauntinger résume comme suit ses impressions lors d'un voyage entrepris en 1784: «Nous arrivâmes enfin à travers un lacis de canaux et de marais jusqu'à la Rote Tor, jusque dans la belle ville d'Augsbourg qui de loin déjà présente une magnifique silhouette. Il est bien connu qu'elle est la plus belle et la plus importante ville de Souabe, ce que n'ignorent pas non plus ses habitants. Pourtant elle n'est pas aussi peuplée que Munich, bien qu'elle soit plus étendue. La Grand Rue ou Ruelle au vin qui s'étend du cloître de St Ulrich jusqu'à l'hôtel de ville est ornée des deux côtés de magnifiques édifices, elle est très large et tout aussi belle qu'une rue principale à Munich.»

Et c'est cette réflexion qui nous rappelle ce qui, dès 1806, va traumatiser la population: à savoir la rivalité de Munich. 1806 marque la fin des statuts d'Augsbourg en tant que ville libre

L'ensemble constitué par la Porte Rouge, l'Hôpital du Saint Esprit avec sa tourelle et les réservoirs d'eau portent l'empreinte d'Elias Holl (en haut).
Des ruisseaux, des passerelles et de vieilles maisons d'artisans confèrent au quartier dit Lechviertel une atmosphère charmante (au milieu à gauche).
D'après une légende l'Homme de pierre rappelle le maître boulanger qui, en 1635, manifesta la détermination des citadins assiégés à résister en présentant ostentiblement par-dessus le mur une grosse miche de pain (au milieu, à droite).
En canot près de l'Oblatterwall (en bas).

impériale. Augsbourg fut octroyée par Napoléon au royaume de Bavière et depuis, si l'on en croit certains, elle se sent atteinte dans sa fierté et n'a jamais pu s'en relever. Pourtant le XIXe siècle fut bien aussi une période prestigieuse pour Augsbourg, surtout lors de la phase de l'industrialisation. La fabrique de papier Haindls Papier fut alors fondée, on posa la première pierre de MAN (Fabrique de machines Augsbourg-Nuremberg), Rudolf Diesel inventa son moteur et les produits de l'industrie textile d'Augsbourg étaient recherchés dans l'Europe entière. Et là aussi les eaux du Lech ont joué un rôle déterminant. Le quartier du textile se développa dans une partie de la ville traversée de multiples canaux, entre les remparts et le Lech; à l'époque qui précéda la machine à vapeur l'eau fournissait une énergie peu coûteuse. Aujourd'hui encore les canaux caractérisent ce paysage urbain. Et comme lors de toutes les périodes précédentes, au temps des Romains, au Moyen Age des bâtisseurs de cathédrales, à l'époque des patriciens et des ingénieurs d'ouvrages d'art, des artistes de la Renaissance et des urbanistes, l'âge industriel a laissé à Augsbourg des bâtiments de grande qualité. La fabrique de cotonnade Schüle n'a pas été construite avec une exigence moins noble qu'un château baroque, on fit appel dans ce quartier du textile à des architectes de renom qui érigèrent des édifices représentatifs dont la seule consonance du nom est évocatrice: Palais de verre, château de la fabrique! Et lorsque l'usine à gaz fut construite au début de la Première guerre mondiale la volonté ouvertement déclarée était bien d'ériger en hommage à cette nouvelle technologie un véritable monument sous la

La tour gothique (datant du XVe siècle) de la porte Jakober Tor fut sauvée par un comité de citoyens de la démolition, laquelle avait été décidée dès 1876; nombreux étaient ceux qui voulaient raser cette «poivrière», mais plus nombreux encore ceux qui voulaient sauvegarder «ce bel édifice pittoresque, témoin d'une époque révolue». Ces derniers l'emportèrent, mais on ne put éviter le compris qui consista à tracer une large voie au pied de cette tour. C'est à cet endroit qu'a lieu deux fois par an la Dult Meile, la kermesse dont les étals s'étendent jusqu'au Vogeltor (en bas).

forme d'un ensemble architectural imposant. Ce n'est que peu à peu qu'on commence à prendre ici conscience de cette partie de l'histoire de cette ville. Peut-être n'a-t-on pas encore refermé les plaies dues à la fermeture des fabriques de textile, qui naguère encore nourrissaient des milliers de familles et qui durent plier boutique en quelques années. Ce qui rend d'autant plus nécessaire de rappeler l'importance des témoins de cette époque. L'ère industrielle a transformé de façon décisive la physionomie de la ville libre impériale et créé un mélange particulier et non sans charme des styles et des nouvelles affectations de ces bâtiments.

C'est à cette époque qu'apparaît aussi une petite merveille aux portes de la ville, le théâtre de l'établissement de cure de Göggingen. Le fer et le verre, les palmiers et les fanfreluches s'allient dans ce cadre pour donner une ambiance élégante teintée de grotesque: l'orthopédiste Johann Friedrich von Hessing avait fait construire ce théâtre afin de rendre courage à ses patients. Malheureusement ce théâtre dédié à la muse est encore mal connu, bien qu'il ait été restauré grâce à des fonds publics considérables voici quelques années.

Tout comme la ville elle-même reste encore inconnue d'un large public. Celui qui jusqu'à présent ne connaissait d'Augsbourg que le panneau l'indiquant sur l'auto-route ou la gare où changer de correspondance, sera tout aussi enthousiasmé que surpris dès qu'il aura le loisir de découvrir vraiment cette ville et la Souabe, la région qui l'entoure.

Ici rien de mignon ni d'élément de maison de poupée; on n'y trouve pas les

Le théâtre de l'établissement de cure de Göggingen, construit en 1885. Vue de la grotte artificielle sur la scène en plein air (en haut).
Le goût de l'opulence de Friederich Hessing et la fébrile imagination de son architecte Jean Keller marquent cet ensemble. L'architecte répondit à l'attente du propriétaire en favorisant l'impression de trompe-l'œil. Ce bâtiment, qui fut construit en un an, reste un monument de l'art architectural allemand. Harmonie de fer et de verre dans la salle des spectacles (en bas).

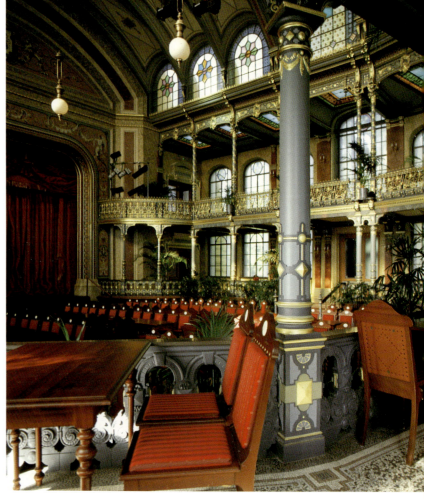

aimables vergers ni les maisons à colombages trop sagement restaurées de la Souabe des environs de Stuttgart, mais pas non plus l'ostentation qui caractérise si souvent les bâtisses de la Haute Bavière ornées de géraniums, au sud de Munich. Il s'agit là d'une simplicité portée avec distinction qui est enracinée dans la séculaire rencontre harmonieuse d'un paysage et de sa culture, d'une élégance un peu rude qui vit aussi un peu de l'inattendu et de l'inhabituel. Ou bien, disons-le tout net, et dans sa ville natale on peut se permettre de reprendre une expression utilisée par le dramaturge Bertolt Brecht, d'un effet de distanciation. En effet telles deux sœurs dissemblables les deux églises de St Ulrich, la catholique et la protestante, sont adossées l'une à l'autre. Ou encore, des villas sont contiguës à des fabriques et la belle Salle rococo du Palais Schaezler dans laquelle dansa, comme cela a déjà été mentionné plus haut, la fille de l'empereur d'Autriche, Marie Antoinette, a été construite à la suite de la commande d'un marchand. Entre les châtaigniers de cette vieille ville impériale, ville aussi de la paix religieuse, flottent des effluves de métal, celui des fabriques, âpres comme le dialecte du cru où l'on roule les r. Les cheminées se dressent dans le ciel comme des clochers. Et l'eau aussi, cette eau qui a maintes fois propulsé la ville sur la scène de l'histoire, se présente sous de multiples aspects. Ainsi à Pentecôte de l'année 1999 la Wertach a-t-elle plongé sous l'eau des quartiers entiers, au point que plus personne ne peut lui faire confiance. Augsbourg est une ville marquée de césures, de frictions, une ville vivante, dans le courant, comme l'eau à laquelle elle doit sa force et sa beauté.

*Eva Leipprand*

L'église Herz Jesu, l'un des plus beaux édifices religieux de son temps, est ornée de tous les éléments de l'Art nouveau (en haut).
Le Musée des arts traditionnels et folkloriques d'Oberschönenfeld se trouve dans l'un des communs de l'abbaye cistercienne du même nom, située dans l'arrondissement d'Augsbourg. L'église, le cloître et l'auberge constituent un ensemble unique en son genre, au milieu du Parc régional Augsburg-Westliche Wälder (au milieu).
Journée d'automne à Burgwalden (en bas).

# La Bavière souabe

*L*es Souabes peuvent se féliciter de ce que la Vieille-Bavière ne compte aucun Astérix ni Obélix dans ses rangs. Sinon ils devraient aussi peu se réjouir du territoire gagné en 1972 à l'est du Lech, qu'autrefois les Romains de leur province de la Gaule. Plus de trente ans après la réforme territoriale, dans le canton de Aichach-Friedberg, les blessures sont certes cicatrisées. Pourtant, lorsque le journal fait état de la localité «souabe» de Aichach – ce qui est géographiquement parlant parfaitement correct – les lecteurs de l'endroit concerné continuent à le ressentir douloureusement. Les habitants de Friedberg, en revanche ont su se consoler dans l'intervalle, quoique leur ville, qui surplombe la vallée du Lech, ait été par deux fois au cours de l'histoire (en 1296 et 1372) incendiée et détruite par les Augsbourgeois. Néanmoins, c'est dès 1944 que l'on avait exigé d'eux, comme de tous les habitants du haut-canton de Friedberg, qu'ils reconnaissent avoir été «conquis» par les Souabes. Mais il est bien connu que le temps guérit les blessures, et la Vieille-Bavière reste la Vieille-Bavière, quand bien même située en Souabe.

Mais qu'y a-t-il donc de particulier dans cette région frontalière orientale, qui attache tant d'importance à son origine bavaroise, quoiqu'elle ne corresponde sûrement pas aux stéréotypes attendus des touristes. Ni décor montagneux à grand spectacle, ni gentil paysage de lacs avec villages d'autrefois tels qu'on les connaît au pied des Alpes, cette région s'affirme au premier coup d'œil comme typique du «Pays bleu et blanc». Au-delà des tours de Friedberg, qui se dressent si fièrement dans le ciel, parmi les douces ondulations des collines, on trouve en effet entre champs cultivés et prairies, nichés dans un paysage pétri de culture, des villages recèlant des vestiges historiques architecturaux, des villes et des marchés dotés d'édifices de caractère et de maintes belles églises. Ici, les toits des vieilles maisons sont tout aussi pointus que dans la Souabe voisine, l'aspect des villages tout aussi sévère, et les manières des gens tout aussi réservées. Et pourtant il y a une différence essentielle: ici, on parle bavarois, on pense et on sent en bavarois.

Maint expatrié de langue souabe-alémanique, après de longues années d'acclimatation dans les verts coteaux de l'est d'Augsburg, demeure pénétré de cette certitude. Les premiers occupants de ce terroir marqué d'une empreinte paysanne sont profondément enracinés dans la culture bavaroise et pas vraiment convertis à la culture souabe. Même la petite rivière Paar, si étroitement intégrée à ce paysage, au lieu de rejoindre le Lech qui coule à sa gauche, préfère serpenter jusqu'au Danube.

L'événement historique le plus marquant qui fonde l'appartenance bavaroise de l'actuel canton de Aichach-Friedberg par une contribution originale à l'histoire de la Bavière se situe aux environs de l'an Mil. Les aïeux de la maison royale de Bavière, les Comtes de Scheyern, élurent en ce temps-là l'éminence d'Oberwittelsbach près de Aichach comme siège de leur seigneurie sur

la Paar, entre Lechfeld, Glonn et Donaumoos. Ils se nommèrent les «Wittelsbacher», du nom de la forteresse dont ils prirent possession en ce lieu. Ce nom est en usage aujourd'hui pour tout le canton de Aichach-Friedberg.

L'idée de s'appeler «pays de Wittelsbach», et ainsi de renforcer un sentiment d'appartenance est encore récente. C'est en 1999 que fut introduit ce concept, en tant que label d'origine pour des produits agricoles. Depuis, le logo correspondant est un facteur actif de la promotion de cette région vers l'extérieur sur les prospectus et les brochures. Sur l'autoroute Stuttgart-Münich, des panneaux signalent même aux passants pressés qu'ils se trouvent en pays bavarois.

Il ne reste rien de l'ancienne forteresse qui dès l'an 1209 avait dû être détruite en représailles de l'assassinat du Roi de Souabe Philip Hohenstaufen par le dernier Comte Palatin Otton VIII («Régicide de Bamberg»). A l'emplacement de la forteresse d'Oberwittelsbach, qui, à l'occasion du jubilé des 800 ans de la Maison de Wittelsbach, en 1980, fut l'objet de fouilles archéologiques, s'élève une chapelle expiatoire de style gothique flamboyant. Non loin de la chapelle, le «Mémorial national», de style néogothique, rappelle la période de gloire du jeune royaume de Bavière, au début du XIXème siècle. Financé par les deniers du peuple bavarois, il fut inauguré en grande pompe le 25 Août 1834, jour de l'anniversaire du roi Louis I et de la Saint Louis, en présence de nombreux invités de marque. Cependant Sa Majesté ne revint pas en personne en cette occasion au berceau de sa famille. En ce temps-là, un autre représentant de la maison royale se montrait d'autant plus fréquemment «en ses domaines de Wittelsbach». Ce que l'on entendait par cette formule dans de nombreux journaux de l'époque, ce n'était pas, bien sûr, la forteresse disparue de Wittelsbach, mais le mignon château sur l'eau, enserré dans son écrin idyllique de verdure, situé tout

A l'entrée de la ville de Friedberg dans le pays de la Vieille Bavière, on est salué par l'église votive baroque de Herrgottsruh (page précédente et trois vignettes ci-dessus). Non loin de l'ancien octroi des ducs de Bavière à la limite de la ville d'Augsburg, on peut voir la chapelle Maria Alber (en bas). A droite, la fontaine de Marie devant l'hôtel de ville de Friedberg.

près de là, à Unterwittelsbach. A partir de 1838, il appartint au Duc Maximilien de Bavière, père d'Elisabeth, future Impératrice d'Autriche et Reine de Hongrie. Ce duc cithariste, qui, jusqu'en 1850, séjourna volontiers à Unterwittelsbach, aimé de son peuple, est pourtant depuis longtemps tombé dans l'oubli. Sa fille, la volontaire «Sissi», au contraire, immortalisée sous les traits de Romy Schneider dans les films sentimentaux où Karlheinz Böhm lui donnait la réplique en tant que «Empereur François-Joseph» exerce toujours son pouvoir d'attraction. C'est donc à elle, et non à son père que le chef-lieu de canton de Aichach a consacré le château de Unterwittelsbach comme une sorte de lieu de mémoire. En l'an 2000 commença au «Château de Sissi» une série d'expositions temporaires qui constitue de Juillet à Novembre un but d'excursion rêvé pour les vacanciers de la région d'Augsburg. Quelques sceptiques invétérés, aujourd'hui comme naguère, mettent en doute les «témoignages» selon lesquels Sissi enfant aurait accompagné régulièrement son père lors de ses séjours à Unterwittelsbach. L'anecdote de la petite Elisabeth quêtant des sous, le chapeau à la main, dans les auberges de Aichach où le Duc Max jouait de la cithare, paraît aussi presque trop belle pour être vraie.

Par la grâce de Sissi, le petit château, dont le mobilier n'est malheureusement pas d'origine, est ouvert au public à certaines périodes. Avec le Château de Friedberg, dont le musée présente des collections de montres précieuses et de faïences ainsi que de nombreux vestiges de la Préhistoire et de l'Antiquité, il est le seul édifice seigneurial du pays de Wittelsbach que l'on ne doive pas se contenter d'admirer de l'extérieur. Une douzaine d'autres châteaux (depuis Schorn, Pöttmes, et Baar au nord, jusqu'à Mergenthau et Schmiechen au sud ; Affing, Scherneck et Pichl à l'ouest, Blumenthal, Kühbach, Rapperzell et Haslangkreit à l'est) sont des propriétés privées – certaines constituant les résidences

Des vingt tours de défense que comptait la ville de Friedberg, dix huit sont encore debout (à gauche). Elles offrent à ceux qui les habitent de merveilleux points de vue sur la plaine du Lech. En flânant dans la vieille ville, on peut faire des photos-souvenirs très réussies de l'hôtel de ville (en haut) ainsi que du château et de son musée.

de familles aristocratiques, toujours en vue dans la population et jouant un rôle dans la vie de leurs communes.

On tient beaucoup à conserver les anciennes coutumes. L'étonnante longévité du costume des paysannes de Aichach en est un exemple de plus. Aujourd'hui encore, le vêtement traditionnel avec jupe à coussinet, spencer et tablier n'est nullement une curiosité que l'on exhibe dans les grandes occasions : il est le signe de reconnaissance des femmes d'un certain âge, même au quotidien. Lors des fêtes religieuses et profanes, les femmes en costume traditionnel constituent un sujet de choix pour les photographes- avec leur «boarischer G'wand», bien sûr, dans toute sa splendeur , c'est-à-dire en soie, avec fichu frangé et gros boutons d'argent sculptés. On peut certes se demander combien de temps tiendra l' «îlot de résistance» du costume traditionnel de Aichach. Pas plus qu'ailleurs, la mondialisation ne s'arrête aux portes du pays de Wittelsbach.

Pas de motif de panique cependant, au sein du triangle que forment Augsburg, München et Ingolstadt. Ce vieux terroir paysan est aussi en même temps , et depuis longtemps, soumis à un mouvement pendulaire. Le monde des grandes métropoles est à ses portes. C'est lui qui offre des opportunités d'emplois. Beaucoup n'ont pas d'autre choix que de faire 30 à 70 kilomètres de trajet pour rejoindre leur lieu de travail, c'est ainsi. Grâce aux bonnes liaisons que représentent l'autoroute A8 Stuttgart-München, les routes nationales d'Augsburg à Ingolstadt et à Fürstenfeldbruck, ainsi que les lignes de chemin de fer Augsburg-Ingolstadt et Augsburg-München, c'est de l'ordre du possible.

Plus d'un qui, de bon matin, emprunte ces itinéraires éprouvants pour les nerfs jusqu'aux cités voisines où l'on s'entasse, et rentre tard le soir considère son chez-soi du pays de Wittelsbach comme un lieu de refuge, dont on cultive soigneusement la particularité. Le meilleur exemple en est la petite cité commerçante de Mering, qui donne une impression de petite ville et qui, en dépit de son excellente liaison ferroviaire avec Augsburg et München, ne s'est absolument pas développée comme une «cité dortoir» pour travailleurs pendulaires, mais a su préserver son caractère authentique.

Au pays de Wittelsbach, on ne conçoit aucune tristesse lorsque les privilèges des autochtones restent l'apanage d'un cercle d'initiés. Le danger d'être exploité est d'autant plus mince que l'on suscite peu d'avidité. Les étrangers sont les bienvenus, mais s'ils ont ailleurs des projets plus ambitieux, ils peuvent aussi rester à l'extérieur. En Vieille Bavière, on n'aime pas s'imposer. Il y a bien des sentiers de randonnées aménagés et des suggestions de circuits pour les cyclotouristes, mais les bancs de repos le long de ces itinéraires sont, il faut bien le dire, l'exception. Les connaisseurs savent organiser leurs reposantes promenades à travers bois et prairies de telle sorte qu'il se trouve toujours en chemin une auberge accueillante ou une brasserie-guinguette bien ombragée, ou bien ils orientent leurs excursions estivales vers les gravières de la lisière ouest entre plage et écluse 23 du Lech, équipée d'une aire de pique-nique. Les lieux à visiter sont aussi ceux où l'on peut s'installer.

Les églises votives Maria Birnbaum dans la vallée du Ecknach près de Sielenbach, Herrgottsruh à Friedberg, et Saint Léonard à Inchenhofen sont de ces lieux à visiter: de merveilleuses légendes s'y rattachent, et de grands architectes et artistes y ont laissé leur empreinte. A Maria Birnbaum, qui appartenait à la commanderie des Chevaliers-Teutons de Blumenthal, sont liés les noms de l'architecte Constantin Baader (de München) et de Gabriel Schwarz (d'Augsburg) ainsi que du stucateur Matthias Schmutzer de Wessobrunn ; Hergottsruh est célèbre pour les fresques de Cosmas Damian Asam, et le chef d'œuvre de

L'Ordre des Chevaliers Teutons de Blumenthal fit édifier l'église votive de Maria Birnbaum (à droite).
L'entrée dans le centre historique de Aichach (en haut), avec son hôtel de ville et l'église de l'hôpital se fait par des portes fortifiées.
Le château de Kuhbach (en bas) est une partie de l'ancien cloître des Bénédictines.

Ignaz Baldauf, un peintre de cour du Prince-évêque d'Augsburg, provient de Saint Léonard d'Inchenhofen.

C'est à Saint Léonard – que les gens d'ici appellent familièrement «Leahad» – que le marché d'Innenhofen doit une force d'attraction qui remonte au fond des âges. Du XIIIème au XIXème siècle, le pèlerinage en l'honneur de celui qui était le patron des prisonniers, des femmes enceintes, des paysans et du bétail comptait parmi les plus importants d'Europe.

Aujourd'hui encore, chaque année, le premier dimanche de Novembre, des milliers de visiteurs déferlent vers le sanctuaire de Léonard pour admirer les chars soigneusement décorés de la procession. Ces chars véhiculent des personnes déguisées qui «jouent» des scènes de la vie du saint. Etre acteur pour le «Leonhardiritt» requiert une excellente condition physique, surtout par temps de pluie et de gel. En effet les acteurs doivent rester absolument immobiles. Tels des mannequins de cire, ils conservent la même attitude durant tout le parcours à travers la localité.

Mais au fin fond du pays de Wittelsbach, un autre aimant à touristes a déjà affronté maintes intempéries. Tous les deux ans, un décor en dur représentant un château fort médiéval est le théâtre de représentations en plein air de scènes historiques. Chevauchant leurs destriers, armés de glaives et de cuirasses, les acteurs amateurs du cru ont déjà pu fêter depuis 1953 d'innombrables succès.

Pour être moins ancienne, la tradition de la fête de la vieille ville de Friedberg, «Friedberger Zeit», n'en attire pas moins des visiteurs jusque dans la plaine du Lech, depuis 1989; cette ville, avec ses épais remparts et ses tours massives, fut autrefois le bastion avancé qui tentait de protéger la Bavière des attaques de la puissante Augsburg. On n'exige plus de péage à l'octroi, mais les chopes avec lesquelles les habitants de

Friedberg trinquent maintenant volontiers avec ceux d'Augsburg, leurs anciens ennemis, ne sont délivrées que moyennant caution.

Une autre spécialité de Aichach fait aussi parler d'elle au-delà des frontières du canton : il s'agit de la rencontre annuelle du «Parti royal bavarois des Josephs». Celui-ci milite pour le rétablissement de la Saint Joseph (19 Mars) comme jour férié. Pour en devenir membre, il faut s'adjoindre le surnom de Joseph, que l'on ait été baptisé Otto, Alfred ou Edouard.

Il y a bien d'autres raisons encore de mettre le cap sur le pays de Wittelsbach. Pour les uns, ce sera l'envie de flâner dans les vieilles villes ducales de Friedberg et Aichach, ou bien dans les marchés et les villages entre Pöttmes et Steindorf. Les autres trouveront leur bonheur en dénichant de bonnes affaires dans les marchés aux puces et les foires. A la saison des asperges, Wittelsbach réussit à drainer de nombreux acheteurs qui, quelques années plus tôt, allaient jusqu'à Schrobenhausen afin de se procurer le précieux légume plus frais et meilleur marché qu'à Augsburg. C'est avec un sens des affaires carrément souabe que les paysans du canton de Aichach-Friedberg viennent à la rencontre des consommateurs de la métropole souabe. Le domaine d'appellation de l'asperge de Schrobenhausen s'étend à peu près jusqu'à la lisière de la plaine du Lech. D'innombrables échoppes ainsi que le marché paysan de l'autoroute à Dasing attirent les visiteurs à la manière des sourciers et des guérisseurs dont on se communique l'adresse en secret. Et que celui qui éprouve quelque difficulté à se frotter aux mentalités de cette race un peu bourrue ne com-

Le petit château de Sissi à Unterwittelsbach près de Aichach (en haut) est depuis l'an 2000 par intermittences de Juillet à Novembre le cadre de remarquables expositions temporaires sur la légendaire impératrice d'Autriche («Sissi»). Cette gentilhommière idylliquement située fut de 1838 à 1850 la résidence d'été favorite du père de Sissi, le Duc Maximilien de Bavière.
Edifiée en 1478 l'église de St Peter und Paul de Pöttmes renferme un autel néo-gothique.

mette pas l'erreur de la sous-estimer.

Il n'y a, il est vrai, ni Astérix ni Obélix. Mais le Pays de Wittelsbach a donné naissance, par exemple, au braconnier et chef de brigands Matthäus Klostermair, connu en Souabe au XVIIIème siècle sous le nom du «Gueux de Bavière». Ce fils de journalier de Kissing s'était soulevé contre l'autorité et partageait son butin entre les pauvres à la manière de Robin des Bois, jusqu'à ce qu'il soit capturé dans les environs de Kaufbeuren puis cruellement exécuté en 1771 à Dillingen.

D'une tout autre sorte est la popularité dont jouit au XIXème siècle la belle sommelière Coletta Möritz, de Ebenried près de Pöttmes. Le peintre münichois Friedrich August Kaulbach découvrit la jeune serveuse de bière de la brasserie Sterneck en tant que modèle pour son célèbre «Motif des arquebusiers». Il peignit la jolie jeune fille en vaillante ser-

Exemples de l'utilisation privée et publique des monuments historiques, le château de Scherneck (en haut) près de Rehling, et l'ancien cloître Thierhaupten situé dans l'arrondissement d'Augsburg. Après avoir été soigneusement rénové et assaini, le cloître sert à la restauration des monuments, au développement rural et à la vie associative.

veuse dansant sur un tonneau avec dix chopes de bière dans les mains. Lors du septième tir fédéral de 1881 à Münich, le tableau, d'une hauteur de cinq mètres, était accroché au-dessus de l'entrée d'un chapiteau-brasserie, et fit fureur. Plus tard, ce motif fut immortalisé à des milliers d'exemplaires sur des cartes postales. Au nombre des âmes sœurs de la

Vieille Bavière de Souabe, on compte aussi l'écrivain Ludwig Thoma, qui chassait dans l'arrière-pays de Aichach. Quelques-uns de ses récits, pièces satiriques et romans ont pour cadre, et ce n'est pas par hasard, le milieu paysan. Dans la même contrée fleurit aujourd'hui la mordante satire du groupe de musique folklorique des «Biermösl Blosn» (les «Moussabières») et de leurs rusées petites sœurs les «Wellküren» (les «Wellkyries»). – Ce qui nous ramènerait à la réforme territoriale avec son découpage arbitraire: l'expression «arrière-pays de Aichach» est à proprement parler une imposture. Aussi bien l'ancien territoire de chasse de Ludwig Thoma à Oberzeitbach que le moulin de Weilach à Thalhausen où est basé le groupe des Biermösl Blosn appartiennent à la commune de Altomünster et donc plus, depuis 1972 à Aichach, mais à l'actuel arrondissement de Dachau en Haute-Bavière. Et ça fait encore mal.

*Manuela Mayr*

La concurrence stimule les affaires. C'est une lapalissade applicable à de nombreux domaines de la vie. Il en va de même pour les villes entre elles: leurs habitants profitent d'ordinaire de l'ambition qui pousse à être meilleur que le voisin. Mem-mingen opposée à Kempten. Bien sûr il n'est pas question aujourd'hui qu'un habitant de Memmingen soit habité par la folie furieuse dès qu'il rencontre un habitant de Kempten. Ou que les maires de ces villes ne se touchent la main qu'avec un sentiment d'aversion. Certes non. Mais si, par exemple, l'un d'eux réussit à attirer sur son territoire une grosse entreprise, laquelle représente un potentiel d'imposition important et aussi la création d'emplois, alors on s'en frotte les mains avec délectation tout en jetant un regard triomphant vers le voisin.

Certes, Memmingen, ville de 41.000 habitants et ainsi seulement la troisième agglomération après Kempten et Kaufbeuren, ne peut pas se permettre d'offenser la métropole de l'Allgäu, mais l'ancienne ville libre (élevée à ce rang en 1191) joue un rôle dominant en Allgäu.

En économie par exemple: la croisée des autoroutes, dont l'une mène à Munich et l'autre au lac de Constance et à Ulm, assure à la ville une position centrale, raison suffisante pour que des entreprises d'une certaine importance s'installent à Memmingen. Le domaine industriel s'étend, l'économie y est florissante. Depuis 1993 la ville est considérée comme un centre économique prometteur.

Jetons un regard en arrière, jusqu'en 1957: on apprit à l'époque que dans la base aérienne devaient s'installer des avions à réaction à la place de l'école d'hélicoptères. L'inquiétude grandissant, le conseil du canton et le conseil municipal protestèrent, entre autres aussi en raison des nuisances sonores que cela provoquerait. Mais en vain. Le 5 mai 1959 Franz-Josef Strauss, alors ministre de la Défense de la République fédérale vint personnellement dans le Bas-Allgäu présenter l'escadron 34 de chasseurs bombardiers. Les politiciens changèrent rapidement d'avis, car ces escadrons n'apportèrent pas que le vrombissement des moteurs, mais aussi un essor économique et de nombreux emplois. Si bien que l'an dernier, à l'annonce par le ministre de la Défense du déménagement des escadrons loin de Memmingen, les protestations fusèrent. La perte de nombreux emplois représente pour Memmingen et les communes avoisinantes une réduction considérable du pouvoir d'achat, telle était la critique du maire de la ville. Mais les décideurs restèrent inébranlables. Aussi se préoccupe-t-on

# Memmingen et le Bas-Allgäu

désormais de savoir quel usage faire à l'avenir de la piste d'atterrissage. Deux camps se font face: les uns plaidèrent en faveur d'un aéroport pour passagers et soumirent des projets en conséquence. Les autres rappellent à bon escient les nombreuses années de nuisances, aspirent au calme et rejettent toute idée de nouveau trafic aérien.

**M**emmingen a toujours su profiter de sa position favorable sur des axes importants. Les corporations ont bien dû avoir du nez pour la situation politique tout comme du talent pour le négoce, ce qui permit aux habitants de Memmingen de jouer un rôle prépondérant parmi les villes méridionales de l'Allemagne du Sud dès l'époque où elles se l'attribuèrent au détriment des grandes familles princières. Très tôt se forme une bourgeoisie sûre d'elle, qui pratique l'humanisme et les arts, comme par exemple la famille d'artistes Strigel qui récolte bienveillance et reconnaissance. Les négociants se lancent jusqu'au Vénézuela et aux Indes. Vers 1530 la bourgeoisie se convertit au luthéranisme. Cette bourgeoisie est très exposée, la guerre de Trente Ans ayant laissé des traces; elle doit surmonter trois sièges et capitulations, le séjour de Wallenstein – qui dura de nombreux mois – et ceux de Gustave Adolphe, le roi de Suède, le passage continu de troupes ennemies, les épidémies, les hécatombes et la misère. En 1648 commence un déclin politique qui ira en empirant jusqu'en 1800. Le changement n'arrive qu'en 1803, lorsque Memmingen est rattachée à la Bavière, après des siècles d'alternance entre démocratie directe et allégeance à un prince.

**C**ulture: La vie culturelle de Memmingen non seulement est diversifiée mais elle présente aussi des trésors en maintes occasions. Par exemple dans la salle municipale (Stadthalle), une des salles les plus modernes et les plus vastes de la région. Les idoles et les stars de la musique rock et pop s'y relaient pour attirer un public venu souvent de loin. Wolfgang Ambros, Gerhard Polt, Konstantin Wecker, des célébrités du Jazz comme Joe Zawinul ou Pat Matheny, Haindling, Rickie Blackmore sont toutes montées dernièrement sur cette scène. Et si les quelque 1.000 places sont insuffisantes, les représentations ont lieu dans la halle olympique consacrée aux sports sur glace construite en 1987, laquelle peut contenir jusqu'à 5.500 places. On y a déjà connu des moments forts avec Joe Cocker, Peter Maffay, Herbert Grönemeyer, Bryan Adams ou Modern Talking.

**L'**atmosphère est plus sage au théâtre municipal qui peut accueillir 450 personnes. Jusqu'à la Réforme ce bâtiment situé en pleine zone piétonne servait de grange au cloître Elsbethen, mais reçut une nouvelle affectation en 1620 pour devenir l'arsenal municipal et en 1802, pour finir, un théâtre. En 1905 les grues se mirent en branle pour le transformer une première fois avant de rénover le foyer en 1974. L'année 1953 est considérée comme une date importante dans l'histoire culturelle de Memmingen. L'Association des théâtres de Souabe

fut créée à ce moment-là et dans la foulée une institution économiquement viable qui permettait à la ville d'entretenir son ensemble théâtral propre. Six représentations au Grand théâtre et autant au théâtre de poche de Schweizberg ainsi que des spectacles de troupes extérieures représentent l'ensemble du programme d'abonnement. L'Association Théâtre et Culture propose également un cycle de concerts de musique classique. Walter Weyers, l'actuel intendant, a bâti sa renommée sur l'ensemble du territoire allemand grâce à une création mondiale, celle de «Clytemnestre», en 1999, ce rock-opéra mis en musique par David Defeis. Il s'agissait du premier volet d'une trilogie qui fut poursuivie en 2001 avec «Les rebelles» et en 2003 avec «Lilith».

**L**a maison de St Antoine compte parmi les trésors de la ville. Un document atteste que le roi Frédéric II (1212–1250) a fait don de son droit de patronage sur l'église de St Martin à l'Hôpital de Saint-Antoine appartenant à l'achiépiscopat de Vienne, lui-même bienfaiteur de cet ordre, en lui confiant désormais l'ensemble des droits et des personnes qu'il régissait. S'il est peu vraisemblable que Memmingen soit le plus ancien point d'ancrage de l'ordre de St Antoine en Allemagne, il faut cependant souligner que grâce à cet hôpital Memmingen a très vite revêtu une importance internationale. Etablie à un carrefour important, la fondation de St Antoine entraîna un essor économique non-négligeable. Les avant-postes de cet ordre vers le sud-est étaient constitués, par exemple, par les évêchés sous la houlette de la province paroissiale de Salzbourg, et par les diocèses d'Augsbourg, de Coire et de Trente. C'est dans cet édifice que se trouvent actuellement la bibliothèque municipale ainsi que le Musée Strigel de St Antoine.

**C**outumes: Juillet est la période la plus festive à Memmingen, l'apogée en est la Journée des pêcheurs, une coutume populaire ancestrale célébrant le nettoyage des ruisseaux. C'est une date que ne peut manquer pour aucun prétexte un habitant de Memmingen, ou en tout cas pas un membre de l'Association des pêcheurs, et même ceux qui ont entre-temps quitté le pays se doivent d'y revenir à cette occasion.

**T**out d'abord, le jeudi, les enfants apparaissent par milliers en déguisement d'apparat sur la place de l'Hôtel du marché, s'y pressant pour entendre l'allocution du bourguemestre qui s'adresse à 10 heures à la foule du haut du balcon de l'Hôtel de ville. Il est impressionnant de voir et d'entendre ces enfants, rassemblés par milliers sur cette place où ont été hissés les drapeaux, entamer en chœur les chants traditionnels. Le lendemain tout Memmingen est dans la rue; une fois que le geôlier brandissant les menottes a proclamé à travers la ville l'ouverture de la pêche, il quitte à 18 h l'hôtel de ville, tandis que la garde lance les premiers pétards. De nombreux bistrots proposent à boire et à manger en terrasse ou dans une arrière-cour. C'est une fête nocturne estivale où l'alcool coule à flots. La nuit est courte, car dès

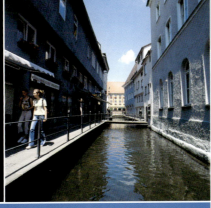

Page 74 petite photo: on entrevoit le clocher de St Martin
Page 75 à Memmingen, le dernier salon où l'on cause est la place du marché où se trouvent l'Hôtel de ville et la Fontaine
A droite: remis au jour depuis peu, le ruisseau court à travers la ville

En haut: la place du marché de Memmingen avec sa fontaine, l'Hôtel des impôts (à droite) et St Martin à l'arrière-plan.
Grande photo à gauche: la place du marché avec l'Hôtel de ville et la Fontaine
A gauche: le château-fort de Mindelheim

le samedi matin à 7 heures le signal est donné pour que tous les pêcheurs – les hommes uniquement – sautent dans le ruisseau pour partir à la poursuite de la plus grosse truite, et ce sous les bruyants encouragements de milliers de citadins. Plus tard le nouveau roi des pêcheurs sera installé sur son trône dans l'arène du stade. C'est là qu'il prend place depuis de nombreuses années, bien qu'un mauvais vent de contestation lui souffle au visage désormais. En effet on parle de persécution animale et de domination masculine, attitudes qui ne seyent pas à notre époque. Mais la critique est encore trop faible pour détrôner cette tradition établie depuis des siècles.

Le deuxième événement important, c'est le spectacle sons et lumière Wallenstein, se référant lui aussi à l'histoire. C'est sans doute en mai 1630 qu'Albert Wensel Eusebius Wallenstein, Duc de Friedlang, Mecklenburg et Sagan parcourut le pays de Souabe en tous sens. Et évidemment avec force soldats et courtisans. Il n'y avait pas de quoi rire lorsqu'apparaissait Wallenstein. On disait que c'était un homme susceptible qui ne souffrait ni chiens, ni coqs ni cloches d'églises, si bien qu'il les

faisait taire. D'où lui venait cette phobie? C'est que, sensible au bruit et souffrant de la goutte, le duc avait besoin de ménagement.

Wallenstein et sa cour restèrent à Memmingen jusqu'au 3 octobre et en fin de compte leur présence n'avait pas apporté que des ennuis à cette ville; ils y laissèrent aussi de l'argent et des biens. Car le cavalier et sa monture devaient être entretenus, et ce contre bel argent. Et les artisans du cru ne se privèrent pas de proposer leurs marchandises. En 1978 l'As-sociation de la journée des pêcheurs décida de choisir comme thème de cette fameuse journée l'histoire de Wallenstein. Le grand pêcheur et poète dialectal Hermann Pfeifer se mit à son bureau et prit fébrilement des notes. Résultat: la reconstitution historique populaire des événements de 1630. Là-dessus on organisa un défilé et des festivités et finalement l'idée s'imposa de commémorer régulièrement le séjour de Wallenstein à Memmingen. Ce qui donna le Spectacle Wallenstein, représentation durant laquelle les habitants de la ville font revivre le passé, proposent sur des étals des produits à l'ancienne, ce qui donne l'illusion à plus d'un de vivre comme il y a 350 ans.

**L**e sport: Une vague d'enthousiasme se propagea sur la ville lorsqu'en 1987 on décida de construire sur le Hühnerberg une nouvelle salle réservée aux sports sur glace. Fin novembre la salle fut inaugurée par un match contre Bad Reichenhall, à guichets fermés. 3200 supporters représentaient un nouveau record pour un club de deuxième division. L'enthousiasme se maintint, ce qui donna une nouvelle impulsion sportive au club – la première équipe n'arrêtait pas de gagner et gagnait aussi en grade chaque année pour finir par jouer au niveau presque le plus élevé d'Allemagne. Et voilà dans cette petite ville de province des professionnels du hockey sur glace, parmi lesquels s'illustrent même des joueurs de niveau national. Plus de 3000 visiteurs en moyenne se pressaient dans la salle à chaque match. Entre-temps l'association qui a succédé (EHC) à l'ancienne, laquelle a sombré naguère à cause d'une position économique douteuse, a pu s'affirmer en première division.

**L**es amateurs de football peuvent, eux aussi, se rappeler une époque mémorable. Le club de la ville FCM, dont on peut voir les performances dans le stade de la rue du lac de Constance, a toujours fait partie de la meilleure classe-amateurs et a toujours rempli la caisse lors de rencontres sur son terrain avec ses rivaux 1860 München ou FC Augsburg. C'est en 1986 qu'on eut un record d'affluence, lorsque les «Lions» – c'est ainsi qu'on dénomme les footballeurs de Munich – attirèrent plus de 8000 spectateurs. Aujourd'hui FC Memmingen joue dans la division bavaroise.

**C**uriosités: On ne manquera pas de visiter les églises de Memmingen. Par exemple la Frauenkirche: évoquée dès 1258, elle fut décorée de fresques de grande valeur artistique pendant la période gothique, vraisemblablement par Hans Strigel. Et puis il y a l'église de St Martin. Là aussi les murs ont été décorés par Hans et Bernhard Strigel. De plus l'église comprend d'imposantes stalles gothiques. Ou bien encore l'Eglise des croisés (Kreuzherrnkirche): gothique à l'origine, elle présente au plafond l'un des plus précieux ornements en stuc de Wessobrunn que compte l'Allemagne du Sud. Il ne faut pas manquer non plus d'admirer certaines maisons. L'une d'entre elles est unique, avec ses combles sous toit pointu où l'on mettait à sécher les peaux destinées à la tannerie. Ou la maison Grimmel, qui abrite aujourd'hui la Maison de la culture, l'Office de la culture et l'université populaire; le bâtiment Hermann; la maison Paris construite en 1736; l'Hôtel de ville datant de 1589; l'hôtel des impôts, édifié en 1495 et relevé d'un étage en 1708 et qui abritait autrefois la perception de la ville libre impériale et qui est devenue aujourd'hui un bâtiment administratif.

**B**uxheim est un lieu de cure où l'on vit dans le calme, mais qui surtout renferme un trésor culturel, à savoir l'une des chartreuses les mieux conservées d'Allemagne, mais qui a subi des transformations aux XVe et XVIIIe siècles. Les stalles richement ciselées de l'église gothique – dont l'intérieur baroque et le cloître méritent une visite – sont un chef d'œuvre; les responsables politiques et le département régional de la Sauvegarde des mouvements historiques n'ont lésiné, ces dernières années, pour la restaurer, ni sur les travaux ni sur les moyens.

**S**chloss Lautrach: autrefois lieu de rencontre de chercheurs et d'artistes, cette résidence alors abbaye princière date

du XVIIIe siècle. Entre-temps y descendent régulièrement des cadres venus de toute l'Allemagne, car ce château est devenu un centre de management qui abrite un hôtel quatre étoiles. Le parc attenant est tout aussi impressionnant que l'aménagement intérieur.

**K**ronburg: vaut le détour; ce château fortifié domine de sa massive stature le coude de l'Iller. Il date de la Renaissance, ce qu'un connaisseur qui risque un coup d'œil à l'intérieur de ses murs ne saurait ignorer, tant l'histoire y est palpable. Le baron et la baronne de Vequel-Westernach vous conduisent en personnes à travers la bâtisse impressionnante. Aujourd'hui le château de Kronburg est un lieu idéal pour un concert, une cérémonie ou un banquet.

**M**aria Steinbach: Cette petite commune attire chaque année de nombreux pèlerins qui se rendent à l'ég-

A droite: la basilique d'Ottobeuren se présente dans toute sa majesté.
En bas: cour intérieure du château Renaissance de Kronburg.

A gauche et grande photo à droite: l'église votive de Maria Steinach est un joyau de l'art sacré de l'Allemagne du sud.

lise rococo de Maria Steinbach, un trésor d'art architectural sacré de l'Allemagne du Sud et qui renferme un orgue fait par Joseph Gabler. En 1986 survint un incident inquiétant: lors de la cérémonie de Pentecôte une partie du plafond s'effondra, à la suite de quoi artisans et restaurateurs se mirent au travail, ce qui dura quatre ans et coûta 4,5 millions de marks. Aujourd'hui cette église se présente dans toute sa splendeur.

**O**ttobeuren: Cette station thermale, où le long de la vallée verdoyante de la Günz on pratique la méthode du docteur Kneipp, attire chaque année un public international qui en profite pour visiter l'abbaye bénédictine, fondée en 764, mais à laquelle furent rajoutés des bâtiments au XVIIIe siècle, si bien qu'elle est l'ensemble abbatial le plus important de l'Allemagne du Sud. La basilique, bâtie de 1737 à 1766, est magnifique. Simpert Kramer en traça les premiers plans, mais ce fut Johann Michael Fischer qui termina finalement cet édifice colossal. Chaque année de grandes œuvres de compositeurs célèbres résonnent dans cet espace impressionnant tout à fait idéal pour les concerts et qui

contient plus de 2500 places; on peut y entendre des ensembles de grand renom qui y sont dirigés par de célèbres chefs. Ainsi d'Herbert von Karajan, de Leonard Bernstein, de Wolfgang Samallisch, d'Eugen Jochum ou de Günter Wand qui s'y sont illustrés. A Ottobeuren la culture semble avoir trouvé un terrain particulièrement propice. Car y vit aussi un peintre de renom, Diether Kunerth, auquel on songe à dédier un musée.

**M**indelheim: en 1801 Mindelheim fut rattachée à la Bavière, 17 ans plus tard cette ville se vit octroyer un règlement municipal. Avec ses quelque 14.000 habitants elle s'enorgueillit d'une vieille ville historique et de son château-fort – la Mindelburg – dans lequel a vécu le meneur des lansquenets Georg von Frundsberg. Ainsi la grande fête populaire y est-elle célébrée en sa mémoire. A voir: les environs de l'hôtel de ville, les portes et les tours de la ville, et puis les ruelles et les pignons qui agrémentent la vieille ville, sans oublier la chapelle des Jésuites et celle de la Vierge Marie (Liebfrauenkapelle) ainsi que quatre musées.

*Freddy Schissler*

L'Ostallgäu est un joyau. Surtout sa partie méridionale. Un saphir, si l'on tient compte de sa richesse en lacs. Des lacs majestueux, tel celui de l'Alpsee qui s'étend non loin de Hohenschwangau. Le roi Louis II de Bavière le traversait à la nage en moins de vingt minutes, il avait projeté de tendre au-dessus, d'un bout à l'autre, un romantique funiculaire à gondole en forme de pan faisant la roue; en outre il se délectait du chant de Paul von Thurn und Taxis, le chevalier au Cygne dans Lohengrin, ce dernier lançant de sa nacelle des arias en roucoulades au-dessus du lac, accompagné par l'harmonie du régiment d'infanterie de Kempten, laquelle en raison du génie wagnérien et pour préserver les belles apparences devait rester tapie dans les buissons. Aujourd'hui on peut vraiment «(se) baigner dans le kitsch», car de la place Pindar, les mois d'été au crépuscule, les cors des Alpes de Schwangau font retentir leurs sons archaïques au-dessus du lac. Les ondines ont dans leur champ visuel le château jaune safran de Hohenschwangau et celui de Neuschwanstein au teint cadavérique.

Étrange est pourtant la magie qui se dégage à quelques pas de là, comme loin du brouhaha du tourisme de masse au pied des châteaux du Roi fou, dans ce monde enchanté et silencieux qui a inspiré la solitude mystique. Par exemple dans le Parc du lac des cygnes propice à la rêverie, ce Jardin anglais miniature des Wittelsbach, qu'ornent quelque cinq cents sortes d'arbres différentes, ou encore dans la Montée des Gnomes. Du bout le plus éloigné du lac Alpsee elle mène au Hêtre de la Vierge Marie à travers un amphithéâtre naturel de puissants parvis calcaires où l'on retrouve les tréfonds archaïques de l'âme. Puis, de là on continue jusqu'au non moins mystérieux lac Alatsee par le vallon de Faulbach, juste derrière Füssen. Ce lac présente parmi les plus forts degrés de concentration en oxyde de soufre de tous des lacs d'Europe centrale, si bien que les plongeurs, descendus à une profondeur de plus de cinq mètres, ne sont plus en mesure de voir leur main à quelques centimètres de leurs yeux. Presqu'invisibles sont aussi devenus les sentiers des contrebandiers par lesquels ils passaient autrefois, jusqu'au

à droite: Le château de Neuschwannstein émergeant des brumes de l'Alpsee, avec dans le lointain, en coulisse les montagnes Tannheimer et Vilser. Photo: Getty Images/Merten.
en haut, à droite: «im See»(dans le lac), telle est l'adresse du Théâtre de musical de Neuschwannstein sur le lac Forggensee près de Füssen.
en bas, à droite : le château de Hohenschwanngau entre le magestueux lac Alpsee et le petit lac Schwansee, propice à la rêverie.

L'Ostallgäu

Tirol tout proche, du fromage et du bétail pour en rapporter du café et du tabac. Jusqu'aujourd'hui il n'est pas possible de dire si l'or des banques du Reich a vraiment été jeté au fond du lac Alatsee peu avant la fin de la Seconde Guerre mondiale; mais le fait que des sous-marins de petite taille ont été testés dans le Alatsee est prouvé par la rampe de béton émergeant sur la rive orientale et encore visible aujourd'hui. En dessous du Alatsee s'étend le poissonneux Weißensee où se mire la plus jolie cure qui soit dans tout l'Allgäu, ce bâtiment, à la géométrie carrée, entouré de roseaux, où la barque du pasteur peut se frayer un passage grâce à un chenal conçu tout exprès. Au-dessus du Weißensee se cache dans la forêt de la montagne le Siège de Magnus, une chaire taillée dans les rochers où se serait reposé jadis l'apôtre de l'Allgäu après que, plus haut, il aurait retourné à grand bruit la terre de l'alpage de Magnus et appris aux Alamans à pratiquer l'agriculture ainsi qu'à creuser des mines et à extraire le minerai de fer. Aujourd'hui encore on peut voir la veine de Magnus au lieu dit Älpeleskopf juste en dessous du Säuling, tout comme l'oratoire que ce rhéto-roman venu du cloître de Saint-Gall dans la vallée du Lech au milieu du VIIIe siècle y avait édifié et qui devint par la suite le splendide cloître bénédictin de Sankt Mang. Les reliques du saint ont certes disparu, mais l'empreinte de son pied sur le mont de Lusalten où, poursuivi par des démons il réussit un saut gigantesque par-dessus les chutes mugissantes du Lech, a été conservée et représente ainsi un lieu de culte de l'époque préchrétienne en même temps qu'une attraction touristique. Et le fait qu'à seulement quelques mètres du Magnustritt (Le pas de Magnus), dans un repaire audacieux – situé à 30 mètres au-dessus du Lech écumant qui se fraye ici un passage à travers la butte morainique pour surgir dans le paysage préalpin – se trouve un étroit pas-

sage, datant vraisemblablement de l'époque celtique et qui symboliquement devait servir à conjurer le sort, n'est par chance connu que de quelques initiés. A propos de saut: dans le Schwangau on peut sauter directement dans les montagnes, du point de vue géologique s'entend. Sous le rocher sur lequel se dresse le château de Neuschwanstein commencent les gorges sauvages et romantiques de la Pöllat. Une excursion en remontant les gorges jusque là-haut, au Château des contes de fée, représente une traversée des millions d'années de l'histoire de la Terre et en même temps c'est la même que celle qu'entreprirent les paysans et les pompiers de la région lorsqu'il s'agit d'empêcher que le roi Louis II de Bavière ne fût fait prisonnier. Aujourd'hui ce roi de légendes qui avait «la nostalgie du paradis» est submergé près de 400 fois par an par des flots artificiels représentant le lac de Starnberg, scène présentée sur l'un des plus grands plateaux tournants du Musical d'Allemagne, à savoir sur celui de Neuschwanstein, non loin de Füssen.

Dans les flots du Lech transformé ici en un bassin de retenue qui a pris le nom de Forggensee, – tout de même le cinquième lac de Bavière de par l'étendue – ont disparu voici plus de 40 ans les villages de Forggen et Dentenhausen ainsi que l'étroite vallée d'Illasberg et les traces de la voie romaine Claudia Augusta. Non loin de Tiefental, à proximité de Rosshaupten, là où Magnus le

de gauche à droite: L'ancien cloître bénédictin de St. Mang trône au-dessus de la Lechhalde. Cour intérieure du château de style gothique flamboyant Hohen Schloss, à Füssen. Ses façades sont ornées de peintures en trompe l'oeil. Du haut de ce château la vue s'étend du cloître franciscain, situé en-dessous, jusqu'au Tegelberg, le sommet qui s'élève juste au-dessus de Schwangau.
sur la page de droite: Le château Hohenschwangau, flanqué des bâtiments du Prince, domine le pittoresque lac Alpsee où l'on voit, au premier plan des barques.

missionnaire aurait tué le dragon, le Parc de la Via-Claudia relie aujourd'hui – en tant que réalisation d'un projet interrégional de spectacle en plein air – la tradition et la modernité et offre au voyageur, juste à côté de la «Strada del Sole», une aire de repos à l'abri de la pesanteur de la Rhétie.

Tout près de là, au milieu du paysage morainique vallonné se trouve la maison natale du célèbre luthier Caspar Tieffenbrucker qui naquit ici, et qui d'après les derniers résultats de recherches scientifiques passe pour l'inventeur du violon. Il est vraisemblable que Tieffenbrucker a été l'un des premiers esprits subtils de l'Ostallgäu dont la lignée conduit à E. Wöhrle, originaire des bords du Weißensee et qui en 1953 inventa l'attache pour queue de vache dans l'étable traditionnelle ainsi qu'aux esprits ingénieux qui dans le techno-parc de Kaufbeuern Innova mettent au point pour la NASA les caméras à vitesse optimale.

Si l'on considère, pour ne prendre qu'un exemple parmi bien d'autres, le gracieux paysage de forêts et de prairies qui s'étend le long de la moraine au pied du mont Auerberg (qui s'élève à 1.054 mètres et qui est connu aussi en Souabe sous le nom de Rigi), ce joyau qu'est l'Ostallgäu passe du bleu saphir au bleu turquoise. Des tons natures pour une composition musicale: de l'adagio des tons Sienne des marais bourbeux en passant par l'andante du vert sombre du sapin et l'allegro du vert tend-

à droite: Halte au bord du Forggensee; à l'arrière plan «le château de contes de fées», dans le fond, le Tegelberg, le Bleckenau et le Säuling.
en bas de gauche à droite: L'église baroque St. Coloman, élevée comme lieu de pélerinage à la suite d'une épidémie de peste se dresse au milieu des champs près de Schwangau. Les environs bucoliques de Füssen. Maria-Hilf in Speiden, église édifiée après l'épidémie de peste. Les galets ne manquent pas sur l' «Ile des bananes» du Forggensee. Le Tegelberg, qui s'élève à près de 1.800 mètres près de Schwangau, est un eldorado pour les amateurs de parapente et de deltaplane.

re du hêtre jusqu'au capriccio des prairies verdoyantes parsemées en mai des touches jaune pétard des fleurs de pissenlit. Le long de ce qui reste de la Via Claudia, devenue depuis un itinéraire apprécié des cyclistes, a été replantée une ancienne sorte de poire à cidre, tandis que près de Trauchgau, dans cet écrin que forme le site de Birnbaum Filz des chênes américains se sont fourvoyés, curiosités de l'histoire de l'après-guerre. Beaucoup plus ancienne est la Chapelle de la Vierge aux sept douleurs agrémentant le hameau de Sameister – un bijou pour les historiens d'art avec ses vitraux si particuliers – qui abrite aussi le scépulcre de Johann Jakob Herkomer, le Palladio de l'Ostallgäu. Près de Pfronten aussi, en haut du Falkenstein (le Rocher du faucon) se dresse à 1.268 m le châteaufort; c'est la plus haute altitude qui soit en Allemagne pour ce genre d'édifice: de là le regard embrasse un vaste paysage chatoyant dans une infinie gamme de verts. Il en va de même pour l'»Acropole de l'Allgäu«, ces deux ruines des châteaux moyenâgeux de Hohenfreyberg et de Eisenberg, dont les collines en surplomb, selon la légende, n'étaient autres que de la boue accrochée aux bottes d'un géant.

La nature et l'histoire, l'art et la culture au cœur d'un paysage béni s'étendant devant les héroïques coulisses montagneuses de ce coin royal, marquent l'Ostallgäu et la turquoise devient un rubis aux multiples facettes. Elles sont le théâtre de la Passion du Christ de la bourgade de Waal, dans le nord de la région tout comme, dans le sud la scène du Musical consacré à Louis II de Bavière. Elles sont aussi la ville de Kaufbeuren, jadis ville libre impériale, aujourd'hui entre autres connue pour son Festival de l'enfance, le plus ancien en Bavière, dit Tänzelfest, et aussi pour sa sainte Crescencia, dernière en date des canonisées de Bavière; et la ville de Füssen, sur le Lech, où fut créée au milieu du XVe siècle la plus ancienne corporation des luthiers d'Europe et où se termina, grâce à la Paix de Füssen, La Guerre de succession entre la Bavière et l'Autriche, et dans le château de gothique flamboyant de laquelle l'empereur Maximilien Ier, le dernier des chevaliers, s'est arrêté près de 40 fois pour y faire de longs séjours avec son célèbre orchestre de cour. De même que résonne comme un leitmotiv de l'iconographie du passé le «memento mori» dans les murs du cloître de Sankt Mang pour trouver en 1602 son apothéose dans la Danse des morts de Jakob Hiebeler jouée dans la chapelle Saint-Anne, de même la musique contemporaine se déroule tel un fil rouge à travers l'Allgäu tout entier. Des Journées de musique ancienne de Füssen et du Concours européen d'organistes en passant par les concerts donnés au Château de Neuschwanstein et par l'Académie de musique de Marktoberdorf. Cette dernière s'est établie dans l'enceinte du château qui surplombe la ville, dans l'ancienne résidence d'été du prince électeur d'Augsbourg Clément Venceslas et organise le Festival de musique sacrée, renommé dans le monde entier, ainsi que le Concours international non moins célèbre d'orchestre de chambre.

Le fait que c'est dans les locaux du restaurant du château que l'orchestre des Jeunesses musicales bavaroises a son siège, tout comme le regain d'activité de l'ancienne maisonnette du portier du château mise à la disposition de jeunes talents, mais seulement à la saison douce, reste anodin en comparaison. En revanche même par les températures les plus basses se produit le Chœur des maires de l'Ostallgäu – qui n'a pas son pareil dans toute l'Allemagne –, et le nombre élevé des harmonies porte aussi cette région en tête du pays. Il y a d'autres curiosités musicales dans la commune de Schwangau: d'abord la Fanfare créée à la mémoire de l'empereur Guillaume, d'autre part l'Association Erlisholz pour le maintien des tambours de montagne, qui tous deux, au grand dam de la plupart de leurs admirateurs, ne se manifestent que lors de la période du Carnaval. On ne doit pas non plus manquer de mentionner le Festival Klang und Raum (Sons et Lumières) dans cette liste forcément incomplète. Dans l'opulence baroque de l'ancienne abbaye bénédictine d'Irsee Bruno Weil donne à entendre, avec son orchestre canadien de musique de table, l'époque classique de Vienne. Le fait que ce brillant genius loci a malheureusement aussi sa part d'ombre cruelle ne doit pas être passé sous silence. Pendant la période du national-socialisme ce cloître avait été transformé en établissement sanitaire centralisant les activités d'euthanasie de l'ensemble de la Bavière. Aujourd'hui Irsee, un village moderne intégrant ses artistes, a surmonté son sombre passé et s'est plus d'une fois vu décerner la médaille d'or des villages, entre autres grâce à un hôtel quatre étoiles pour chevaux, lors du concours bavarois de l'embellissement des villages.

Quel est le bilan d'un patriote local? Les nombreuses pierres précieuses de l'Ostallgäu ornent la couronne des paysages de la Souabe de Bavière en de nombreux lieux importants. Et celui qui, l'un de ces jours rares où le ciel est d'un bleu sans nuage, installé au soleil à la grande terrasse de bois de l'alpage Beichelstein près de Seeg, savoure un morceau de fromage du cru ou une tranche de gâteau fait maison, tout en laissant voguer son regard des montagnes de l'Ammer jusqu'à l'Aggenstein et l'Edelsberg, celui-là serait vraiment de pierre s'il n'avait pas la moindre reconnaissance pour ce pays dans lequel il peut vivre et où d'autres n'ont qu'une idée, celle d'y passer leurs vacances.

*Andrea Zinnecker*

photo grand format: Le bourg de Nessel-wang, son église paroissiale St. Andreas et à l'arrière-plan les montagnes de l'Ammergau.
En bas de gauche à droite: Promenade sous les tilleuls dont l'allée du territoire princier mène à la ville de Marktoberdorf. Toits et clochers de la vieille ville de Kaufbeuren. A l'occasion d'une promenade le long du mur datant du Moyen Âge on découvre des coins charmants. La tour aux cinq tourelles (Fünfknopfturm) est aujourd'hui encore habitée et passe pour l'emblème de la ville de Kaufbeuren.

La résidence de Kempten fut, jusqu'à la sécularisation, le centre spirituel et temporel de l'abbaye princière de Kempten. Cet édifice baroque recèle, pour la plupart dans leur état original, des salles d'apparat comme la Salle du trône.

# Kempten

Les brumes enveloppent encore les vallées. Là-haut dans les montagnes d'Oberstdorf l'aubergiste Mandi Böllmann sert le petit déjeuner à ses hôtes du refuge de Waltenberg. En bas dans les villages les paysans emmènent le bétail dans les pâturages. C'est par milliers que les hommes partent pour le travail. A Blaichach chez Bosch l'équipe de nuit rentre chez elle, tandis que les curistes d'Oberstaufen commencent leur journée emmaillotés dans des draps humides et froids. Dans la station climatique d'Oberjoch où l'on vient soigner les allergies, les patients respirent un grand coup cet air classé parmi les meilleurs. Mais aujourd'hui on remarque une intense circulation, inhabituelle, de tracteurs et de transports de bestiaux vers cette métropole de l'Allgäu qu'est Kempten et ça n'est pas du goût des automobilistes. Une grande vente aux enchères a lieu dans la halle aux bestiaux. Non loin de là le très moderne hypermarché «Forum de l'Allgäu» ouvre ses portes sur les 23.000 m² d'un hall multifonctionnel.

Le Haut-Allgäu a plusieurs visages mais un seul profil, bien à lui, marqué par les paysages et les hommes. Pour nous faire une idée de cette région délimitée par le canton le plus méridional de la Souabe il nous suffit de faire ce que font avec enthousiasme et inlassablement de nombreux habitants du pays, à savoir monter au sommet d'une montagne. Le Mont Grünten, haut de 1.738 m, appelé le gardien de l'Allgäu à cause de sa situation exposée, nous permet de jouir du panorama – beau à vous couper le souffle – de l'une des régions les plus belles d'Allemagne.

Le Sud, les coulisses de la chaîne de l'Allgäu avec ses sommets enneigés jusqu'à l'été. Alfred Weitnauer (1905–1974), conservateur de l'envi-

# et le Haut-Allgäu

Les jardins de la cour, jadis agencés de façon baroque autour de la résidence, se terminent au nord par l'orangerie, très décorative, aujourd'hui bibliothèque minicipale.

Vue depuis les jardins sur la basilique de St Lorenz de Kempten. C'est le premier édifice d'art sacré construit dans le sud de l'Allemagne depuis la Guerre de Trente ans. A l'intérieur les éléments de Renaissance tardive se fondent dans ceux du baroque précoce.

ronnement souabe, parle comme «d'une collection exemplaire de toutes les formations géologiques alpines» de ce géant rocheux vieux de quelque 10.000.000 d'années atteignant une altitude de 2.600 m. En effet nulle part ailleurs dans les Alpes les montagnes ne sont à ce point diversifiées. Là c'est le Plateau-du-labour du Bon Dieu avec son relief karstique (Gottesacker-Plateau), plus loin les aimables contours de la chaîne du Nagelfluh, plus loin encore les aiguilles des Têtes du Siplinger et là-bas les sauvages falaises du Trettach et du Mädelegabel (la fourchette de la servante); et au milieu le Höfats et le Schneck au sommet desquels poussent encore à 2.000 m de l'herbe et des fleurs. Des centaines de sommets, d'innombrables arêtes, parois et gorges laissent au visiteur une impression inoubliable et représentent pour l'alpiniste, le skieur ou l'amateur de VTT un lieu de séjour de prédilection.

Du haut du sommet du Grünten tournonsnous maintenant vers le nord: le regard embrasse la plaine à perte de vue. C'est un relief de prairies et de forêts, de lacs et de rivières, de villages et de villes. L'actuelle configuration géographique de l'Allgäu provient de glaciers qui, voici 20.000 ans sont descendus dans la vallée et ont formé un paysage morainique composé d'innombrables collines plus ou moins hautes, de lacs et de marécages à l'infini. Mais les paysans aussi ont contribué à la nais-

sance de ces paysages. Ce n'est que grâce à un dur labeur manuel qu'ils ont pris forme. Dès le Moyen Age les paysans ont gagné peu à peu des terres sur la forêt, déboisant jusqu'à une altitude de 1.000 m pour obtenir des surfaces agricoles. Aujourd'hui il est difficile d'imaginer combien pénible était la besogne qui permettait d'exploiter des versants souvent abrupts et inaccessibles; le Haut-Allgäu comptait, il y a 200 ans encore, parmi les contrées les plus pauvres de l'Allemagne. C'est seulement en 1830 que le «sauveur» Carl Hirnbein apporta le changement: il choisit délibérément de délaisser les champs et les cultures et introduisit dans la région l'industrie fromagère, ce qui marqua définitivement un paysage de prairies.

Ainsi on ne peut s'empêcher d'évoquer la vache laitière à robe brune de l'Allgäu. Pas même sur les papiers glacés des brochures publicitaires. Lorsqu'en 1958 Alfred Weitnauer déclara la vache «reine sans couronne de l'Allgäu», il semble que ses propos aient été prophétiques. Pour réduire les risques de blessures réciproques dans les étables, on leur arrache les cornes dès le plus jeune âge. Mais grâce aux retouches sur ordinateur ce petit défaut ne représente pas un problème pour les graphistes publicitaires.

Et qui ne les connaît, ces photos pleine page représentent le traditionnel retour des troupeaux des alpages: des milliers de bovins redes-

cendent dans la vallée après l'estivage. Bien des citadins ne peuvent sans doute imaginer qu'en notre époque de haute technologie des hommes et des femmes passent chaque année plus de deux mois en tant que simples vachers dans un abri de berger sans électricité ni eau courante. Sur les 617 alpages aucun ne dut fermer ces dernières années, bien que ce type d'agriculture ne puisse subsister sans subventions. On avance surtout l'argument de l'entretien des paysages alpins, sans s'apesantir sur les aides financières accordées par Munich et Bruxelles. L'Allgäu compte 96.000 bovins; selon les statistiques cela fait 2 bovins pour trois hommes.

Le lait de vache, cet «or blanc de l'Allgäu», est transformé sur place dans de nombreuses laiteries de renom: Champignon, Edelweiß, les fromageries de Stegmann où l'on fabrique l'emmental, celles de la SARL Töpfer sont parmi les plus connues dans la région. Nulle part ailleurs en Allemagne on ne confectionne autant de fromage. La Bourse du beurre et du fromage de l'Allemagne du sud sise à Kempten est aujourd'hui la place la plus cotée d'Allemagne pour les produits laitiers. Mais pourquoi en faire tout un fromage? Eh bien, parce que d'après une étude de l'Institut universitaire de technologie de Kempten, 20% des personnes interrogées associent la notion de fromage à l'Allgäu. Il y a pourtant d'autres fleurons de l'exportation du Haut-Allgäu, comme par exemple les machines laminoirs-fraiseuses de Liebherr.

A Blaichach Bosch est le leader mondial dans la production du système automobile anti-bloquant. Et depuis des décennies, à Immenstadt, l'entreprise Kunert confère aux galbes des jambes féminines beaucoup d'élégance et de raffinement.

«Travailler dans un pays de vacances.» Tel est le slogan publicitaire utilisé par les entreprises renommées de la région. Et, en effet, nombreux sont ceux qui passent leurs vacances ici. Ce qui a commencé voici 130 ans avec les premières villégiatures est devenu l'un des facteurs économiques les plus importants du sud du Haut-Allgäu: on dénombre chaque année quelque 2,5 millions de vacanciers, soit 11 millions de nuitées. La palme est remportée par la plus ancienne station climatique de l'Allgäu, Oberstdorf. Les autochtones y sont en minorité: il y a, selon les statistiques, 1,7 lits d'hôtellerie par habitant. Même une star internationale comme Tina Turner sait apprécier les séjours à Oberstaufen. Et la commune de Bad Hindelang qui s'est vu décerner de nombreuses fois le la-

bel écologique n'a pour bienfaiteur et ami personne d'autre que l'Aga Khan lui-même. «Les vacances à la ferme», alternative avantageuse à l'hôtel, est une formule intéressante pour les agriculteurs et les familles nombreuses. Dans la partie sud du canton un agriculteur sur deux propose déjà des appartements en location.

Qu'est-ce qui peut bien attirer ici des gens qui de nos jours pourraient s'envoler vers des horizons lointains à forfait neige et/ou soleil garanti? Car enfin le temps de l'Allgäu est capricieux et les averses de grêle ont déjà gâché les projets

de maints vacanciers, même si dans l'ensemble on peut y faire état d'un ensoleillement presque tout aussi élevé qu'à Fribourg en Breisgau, ville en tête de toute l'Allemagne. Peut-être est-ce imputable à la nostalgie d'une nature intacte, un sentiment qui va de soi pour ceux qui y vivent. Les habitants du Haut-Allgäu ne simulent rien pour les touristes, ils restent fidèles à eux-mêmes. Même les fermes de remises en forme ancrent leurs pratiques dans la tradition; ainsi peut-on se prélasser au Luxushôtel dans des bains de lait ou de foin: A Bad Hindelang se trouve le premier Hôtel du Tu-

Les environs de Sonthofen présentent un paysage particulièrement agréable. A gauche, la station de cure climatique de Bühl sur les bords du lac Großer Alpsee, près d'Immenstadt, l'un des lacs naturels les plus étendus de l'Allgäu.

toiement et on envoie les enfants jouer dans la «grangeothèque». Telle est la marque reconnaissable entre toutes du tourisme de l'Allgäu. C'est peut-être la raison pour laquelle les amoureux de ce coin de Souabe reviennent régulièrement; on y retrouve avant tout le rude charme qu'ont conservé hommes et paysages.

«Une tradition qui va de l'avant», tel est l'idéal de cette région. Rarement la tradition et la modernité se seront rejointes comme ici; il est peu d'endroits où l'on trouve un réseau au caractère si inextricablement urbain et campagnard, bruyant et silencieux. Une visite à Kempten lors du Festival de l'Allgäu, aussi la plus importante foire de l'Allgäu, suffira pour s'en convaincre: c'est un festival d'appareils de traite et de prêt-à-porter, de machines à assécher le foin et d'équipements de technologie de pointe, de râpes à concombres et d'élévateurs à fourche, agrémenté d'un programme comptant près de 300 animations. Du rock sous le chapiteau où l'on ingurgite de la bière, des concours de traite et de karaoke, des expositions d'œuvres artistiques et des discussions sur le podium en veux-tu en voilà. Et ce qu'on ne le trouve nulle part ailleurs en Allemagne: un chapiteau laitier où tout tourne autour du lait. 150.000 visiteurs viennent s'informer chaque année sous ces chapiteaux transformés en halls de foire, si pleins à craquer que l'air en est irrespirable.

C'est surtout le Festival d'août qui, en Allgäu, est un véritable événement. On ne peut déroger à la règle, il faut s'y être rendu au moins une fois avec des amis ou collègues et s'aventurer sous l'un des chapiteaux où coulent à flots la bière ou le vin, et ce quel que soit l'âge, toutes générations confondues. Tandis que sous le chapiteau la fanfare joue ses airs traditionnels et que se répandent des effluves de poulet grillé, dehors ça déménage. Un peuple bigarré passe d'un chapiteau à l'autre, chapiteaux qu'on a plantés voici plus de 50 ans au beau milieu de la ville. C'est un mélange de corsages coquins et de tops au-dessus du nombril, de vestes de loden et de blousons de cuirs, de barbes sages et de percings relax, de tatouages et de bretelles brodées. Tout ce qui plaît est permis.

Kempten, entre-temps la deuxième ville de Souabe et de surcroît ville universitaire et comptant 62.000 habitants, est tournée vers l'avenir et est fière de contribuer au progrès de la région. Elle n'en est pas moins une ville très ancienne. Pour celui qui pénètre dans la cité

C'est non loin de Tiefenbach que se terminent les gorges de la Breitachklamm, une merveille de la nature sans pareille. Les flots mugissants de la Breitach se précipitent en se frayant un passage entre les parois à pic, hautes de près de 100 m. Depuis 1905 le promeneur peut remonter ces gorges en toutes saisons, sauf à la fonte des neiges.

La piété et le sens de la tradition marquent profondément l'Allgäu. Les croix sur les bords des chemins et des routes sont fréquentes.

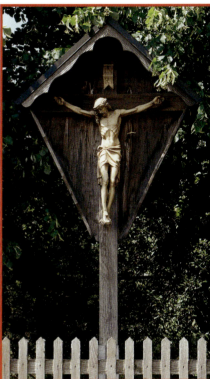

par la Berlinerplatz, dans le nord de la ville, l'explication est claire: une colonne y annonce «la plus ancienne ville d'Allemagne.» Certes les habitants de Trêves et de Cologne revendiquent aussi cette ancienneté. Mais le parchemin le plus ancien attestant l'existence d'une ville allemande nous a été livré par le géographe grec Strabon en l'an 18 après J. C.; il y évoque Kambodounon, «la ville sur la rivière». Laquelle aurait déjà été une colonie celte bien avant la naissance du Christ. Mais jusqu'aujourd'hui aucune preuve n'a pu confirmer son existence, ce qui ne dérange pas outre mesure les habitants de Kempten.

S'élevant sur une colline au milieu de la ville, le château de la Burghalde, se voit de loin et est un véritable témoin de pierre des temps reculés. C'est là que, déjà, les habitants celtes de Kempten avaient trouvé refuge devant l'assaut des légionnaires romains parvenus jusquelà sous l'égide d'Auguste, fils de Tibère, après avoir traversé les Alpes. Aujourd'hui, dans ses murs, Nena donne des concerts de rock, Hubert von Goisern lance sa tyrolienne ou chante l'Aïda de Verdi. Et en été on y projette les derniers films sortis. C'est l'archéologue Gerhard Weber, qui, en 1987 reconstitua l'apogée de

cette ville romaine qui se maintint plus de 400 ans, en créant l'APC, le parc archéologique de Cambodunum. On peut y flâner entre les colonnes de temples gallo-romains en partie reconstitués. Et une fois arrivé dans les ruines authentiques des bains on peut aisément imaginer la population d'alors s'y détendant.

Après la conquête par les Alamans les moines Magnus et Théodore vinrent de St Gall à Kempten en 740 pour en faire une terre de mission qui devait devenir un cloître bénédictin. Dès 1200 elle se trouva, en tant qu'abbaye royale sous la protection du roi, puis de l'Empereur. Aussi les abbés portaient-ils depuis 1348 le titre d'abbés princiers, si bien qu'il s'agit bientôt d'une fondation princière. A côté du cloître s'étendit une ville commerçante, laquelle devint par la suite une ville libre impériale protestante. Ces deux petits états avaient leurs lois et leurs devises propres et se combattirent des siècles durant. «Le rideau de fer est une invention des habitants de Kempten» déclarait le conservateur de l'éco-musée. En 1802, cependant, l'autonomie de la ville et celle de l'abbaye prirent fin. Dans la suite de la sécularisation elles furent toutes deux rattachées à l'état de Bavière et en 1818 réunies.

Pour qui sait ouvrir l'œil Kempten montre aujourd'hui deux visages très différents. La partie qui appartenait autrefois à l'abbaye affiche ses édifices avec ostentation – que l'on pense à la basilique St Lorenz aux imposantes coupoles, première grande église à être construite en Allemagne du Sud après la guerre de Trente ans, ou à l'ancienne résidence abbatiale princière: ce bâtiment baroque recèle de très nombreuses salles somptueuses ornées dans un style rococo remarquable. De magnifiques jardins agrémentés d'une orangerie, le Grenier et les Ecuries sont là pour témoigner dans toutes leur splendeur et leur richesse des fastes d'antan. Mais l'ancienne ville libre impériale, elle aussi, peut parader. Dans le centre nous découvrons l'église St Mang (l'église la plus ancienne de la ville) qui, depuis la Réforme, est luthérienne. De nombreuses demeures de patriciens furent luxueusement rénovées sur l'initiative des citadins. C'est dès 1958 qu'on commença la sauvegarde de ces maisons, si bien qu'à partir de 1963 l'entreprise fut soutenue financièrement par le land de Bavière et la fédération en tant que projet-pilote.

La place de l'hôtel de ville, aujourd'hui le centre de la vieille ville, nous invite à la flânerie pour y admirer cet édifice élancé de style gothique tardif, flanqué de deux tourelles en encorbellement, au pied duquel se retrouvent jeunes et vieux. Les soirs d'été flotte comme un air de dolce vita emprunté à l'Italie toute proche. Alors on s'attable en plein air pour un pot, un snack ou un bon repas, là, juste devant l'hôtel de ville, dans un océan de tables et de chaises. Et voilà qu'il nous revient à l'esprit ce que nous avons lu quelque part: la ville de Kempten peut faire état d'une densité de bistrots que n'ont rien à lui envier certaines grandes villes. C'est ici, devant l'ancien hôtel de ville que chaque année en avril des musiciens venus du monde

entier donnent le coup d'envoi du Printemps du Jazz de Kempten. C'est au cœur de l'Allgäu qu'a lieu le plus grand festival de Jazz d'Europe. Alors, une semaine durant, Kempten devient la Mecque des fous de Jazz venus de nombreux pays. Cela fait belle lurette qu'avec son pana-chage de musiques explosives Kempten dame le pion à Burghausen qui a passé longtemps pour être le lieu du jazz par excellence. Conti-nuons notre tour de la vieille ville où règne une atmosphère bon enfant. Un demi-million de consommateurs se pressent régulièrement à Kempten y faire leurs achats, y compris les voi-sins autrichiens. Certes ce phénomène est plus imputable à un manque de structures sembla-bles dans les environs qu'à la seule attractivité de la ville. La principale rue commerçante de Kempten, la Fischerstrasse, fut en 1970 la pre-mière rue piétonne. Aujourd'hui d'autres artè-res de la vieille ville l'ont imitée. Quelque 600 détaillants proposent un large éventail de biens utiles ou agréables, loin de la fébrilité des gran-des villes voisines.

Kempten est un lieu où il fait bon vivre, mê-me si certains ne se sentent pas attirés par cet-te ville. Mais celui qui apprécie une ambiance urbaine tout en voulant éviter l'anonymat de la grande ville, celui qui passe volontiers ses loi-sirs au milieu de la nature, celui-là a raison de s'établir ici. Car même si effectivement, depuis quelques années il n'est plus possible, faute de neige, d'utiliser le remonte-pente installé au milieu de la ville, à votre porte se trouve un paysage merveilleux, tout de montagnes, de lacs et de rivières. Et le Lac de Constance, qu'on appelle ici La mer de Souabe, n'est qu'à deux pas de là. Quoi d'étonnant alors que le nombre de ceux qui, dans un premier temps, sont venus s'installer ici par curiosité, soit étonnamment élevé.

*Susanne Lorenz-Munkler*

C'est ici que se réalise le rêve des touristes: à Marktoberdorf, la station climatique la plus ancienne de l'Allgäu.
A gauche, la chapelle de St.Loretto, en bas à droite, le télécabine du Fellhorn.
Dans les sous-bois un charmant sentier mène le long des cours d'eau jusqu'au sommet du Nebelhorn.

L aissons parler l'imagination: «Lindau prend la présidence du Bundesrat» C'est donc le plus petit land de l'Allemagne fédérale et sa surface est moindre que celle de Hamburg et de Brême, mais dans le concert du Bundesrat Lindau sait se faire entendre parmi les 17 länder. Et pourquoi pas? En effet, le taux de chômage est, dans le sud-ouest de l'Allemagne, heureusement bas, le niveau de vie de ses quelque 75.000 habitants relativement élevé. Les résultats de l'étude PISA donnent la meilleure moyenne de toute l'Allemagne. Ainsi, l'année prochaine ce serait au Premier ministre de ce Land, originaire de Lindau, que reviendrait la présidence du Bundesrat. Jusqu'à réalisation de cette fiction il réside sur une île du lac de Constance, à proximité du Bade-Wurtemberg, de la Suisse et de l'Autriche.

L es archéologues apprécient ce land pour ses témoignages non-négligeables de l'époque romaine. Ainsi, il y a quelques années, a-t-on trouvé lors de fouilles une tête sculptée de près de 2 m représentant l'empereur Auguste et datée de la période allant de 30 av. J. C. à 14 après J. C. On suppose que cette pièce, réalisée par un grand maître et très bien conservée, faisait partie

# Le lac de Constance – l'Allgäu de l'ouest

d'une statue colossale taillée dans le marbre de Carrare avant d'être transportée sur notre sol. Mais les chercheurs n'ont pu s'accorder sur la façon dont cette œuvre plastique est arrivée dans le ruisseau de la commune de Weiler-Simmerberg-Ellhofen. La fiction et le mensonge jalonnent le début de notre voyage dans l'Allgäu occidental et le long du lac de Constance. Mais en fait de fiction la circonscription de Lindau n'a été rattachée à la Bavière et à la Souabe qu'en 1956.

Après la Deuxième guerre mondiale l'Allgäu occidental faisait partie de la zone militaire française, comme tête de pont entre le Wurtemberg, également occupé par les Français, et le Vorarlberg et le Tirol. Lindau avait ainsi depuis septembre 1945 un statut particulier, un tribunal et une chambre de commerce et d'industrie propres. Cette dernière devait cependant bientôt fusionner avec la chambre de commerce et d'industrie d'Augsbourg et de Souabe.

Ce n'est qu'en 1956 que Wilhelm Hoegner, le premier ministre bavarois d'alors, rattacha Lindau à l'Etat libre de Bavière. Ce social-démocrate lui avait fait une véritable cour, si bien que les habitants de Lindau avaient fini par se rendre. «Le canton de Lindau compte donc à nouveau parmi les joyaux bavarois, fait qu'à l'avenir nous devons honorer», déclara Hoegner lors de la cérémonie de cette «réunification».

Il n'est pas rare qu'on doute pourtant aujourd'hui que ces paroles soient restées en mémoire dans l'entourage du chancelier. «Lindau fait-il encore vraiment partie de la Bavière?«, telle est la question que l'on se pose aujourd'hui, du moins dans la métropole bavaroise. Le Chiemsee est en effet plus facilement ac-

Page précédente: à gauche: La presqu'île de Wasserburg avec l'église paroissiale St. Georg et Le Vieux château. A droite: pommiers en espalier. A côté de la région Altes Land près de Hamburg, le Lac de Constance est le territoire le plus important territoire de plantations d'arbres fruitiers d'Allemagne.

cessible pour les Munichois et à l'-autoroute A 96 reliant Munich au lac de Constance manquent encore quelques tronçons.

Aujourd'hui on ne rêve plus d'un land constitué par Lindau. «Pacta sunt servanda», comme disaient les Romains; cette devise nous accompagne dans la circonscription de Lindau et nous oblige à considérer de plus près ce qui n'est que mensonge. Aidé par un ami lors d'une rencontre d'artistes sculpteurs, un sculpteur de pierre de Scheffau – un quartier de Scheidegg – avait ciselé

dans la pierre une tête romaine très ressemblante, haute de 1,90 m, antique à s'y méprendre. Et là-dessus on broda la fable de la découverte archéologique conservée au mieux, laquelle fut mise en vente et exposée.

L'auteur d'un guide régional en était si enthousiasmé qu'il conseillait à ses lecteurs de pousser jusqu'au fameux ruisseau. Entre-temps cette tête qui encombrait le passage menant à une auberge a été replacée dans l'atelier de l'artiste. Mais le dernier mot sur cette œuvre d'art qui témoigne avec tant d'éloquence

en haut, à gauche: Le Lion de Bavière est depuis près de deux siècles le gardien de l'entrée du port de Lindau .
en bas à gauche: La tour de St. Mang dans le port de Lindau.
en bas à droite: Située derrière l'Hôtel de ville, la fontaine Lindavia est l'emblème de cette ville qui s'étire sur une presqu'île.

de l'esprit de notre temps, n'a pas encore été dit. Car on continue à mentir: en effet on serait actuellement en train de restaurer l'objet, on aurait même découvert une partie du pied droit et une autre de la main gauche, a lancé l'auteur de la tête et de la farce.

Alors qu'en fait les Romains auraient vraiment séjourné sur les bords du lac pendant les quatre premiers siècles de l'ère chrétienne, mais à bien y réfléchir où n'étaient-ils donc pas à cette époque? Les gens du coin sont toujours restés placides vis-à-vis des étrangers.

Cela me rappelle un entretien avec le maire de la commune de Harare, dans le Zimbabwe. Comme on cherchait à expliquer le passé colonial du continent africain, l'un de nous recourut à la formule «lorsque l'Afrique fut découverte», ce à quoi notre interlocuteur rétorqua dignement: «on n'eut pas besoin de nous découvrir, car nous avons toujours été là.»

Il est vraisemblable que les riverains ont toujours été là, ne serait-ce qu'à cause de la position stratégique leur assurant commerce et nourriture.

Les saints Colomba, Gall et Magnus ne s'y plurent pas tant que ça, mais, ma foi, ils finirent par s'y établir. Sans doute n'était-il pas si facile de promettre le paradis à ces Alémans, alors qu'ici, sur les bords du lac de Constance ils croyaient y être arrivés depuis longtemps.

L'Allgäu occidental sait choyer chacun selon ses goûts. En bas, sur les bords du lac la température annuelle atteint une moyenne de 8 à 9 degrés. Les arbres fruitiers et la vigne y poussent. Le lait provient des collines de Hergensweiler, Opfenbach, Hergatz, Gestratz, Grönenbach, Maierhöfen, Weißensberg et Sigmarszell, dont les hauteurs atteignent jusqu'à 750 m. Le fromage à pâte pressée cuite est fourni par le canton supérieur situé entre Lindenberg, Stiefenhofen et Scheidegg.

Là bas le printemps commence un mois plus tôt qu'à Augsbourg et sur les rives du lac de Constance les magnolias sont en fleurs alors qu'on balaie encore la neige dans la cité des bords du Lech et de la Wertach. Plus avant à l'intérieur des terres l'hiver dure plus longtemps et les gelées de mai ne sont pas rares. Tandis que l'une des plus petites circonscriptions de Bavière connaît pratiquement trois zones climatiques et que ses possibilités touristiques peuvent presque se mesurer avec celles de la Côte d'Azur et de son arrière-pays.

Skier sur les versants du Hopfen et savourer son café en plein air, sur le port de Lindau flanqué des deux uniques phares dont est pourvu ce pays. «L'heureuse issue de l'Allemagne» signale un prospectus publicitaire pour touristes; reste à savoir s'il s'agit bien d'une issue. En tout cas c'est non loin de là, sur l'île de Reichenau et à St Gall que l'évangélisation de la Bavière a commencé. Sans les moines irlandais et écossais installés sur les rives du lac, l'État libre de Bavière serait d'une autre nature.

Par la suite la contrée a connu de nombreux régents venus de Bavière, du Wurtemberg, d'Autriche et même de France. Napoléon mit fin au statut de l'Etat libre de Bavière, ce qui lui vaut l'inimitié de certains. Mais les représentants de Munich, Vienne et Berne ne sont guère mieux vus dans ce territoire aux trois frontières.

Ici on connaît ses atouts. Les maquignons qui présentaient leurs bestiaux jusque sur les places itali-

ennes, les chapeliers de Lindenberg qui proposent leurs produits dans le monde entier, ont imposé leurs normes. C'est de l'Allgäu occidental que partent vers le reste du monde des produits alimentaires, des produits de technologie de pointe, des ordinateurs spécialisés et des jus de fruits, des tissus et des chambres frigorifiques. C'est un point commercial favorable, car juste derrière le lac de Constance commence le territoire méditerranéen et la Suisse représente un partenaire de proximité qui n'est pas tenu par les directives européennes, ce dont les Helvètes ne sont pas les seuls à profiter. Quant au dialecte les habitants de l'All-gäu occidental ont toujours fait fi d'un idiome particulier, parlant le même que les habitants du Vorarlberg et de l'Appenzell, du sud du Pays de Bade ou de l'Alsace. L'écrivain Martin Walser, originaire de Wasserburg sur le lac de Constance, est sans aucun doute l'un des grands maîtres de la langue allemande et il n'a pourtant jamais renié son dialecte aléman. «Parler son

dialecte, c'est évoluer pieds nus dans sa langue» dit un dicton de la Bavière authentique, mais cela se vérifie dans le monde entier. Werner Specht, originaire de Lindenberg, est un de ces va-nu-pieds: «parler le haut-allemand c'est comme marcher dans des sabots, dans son dialecte on sent la mousse de la forêt sous la plante des pieds.» Ce barde, écrivain et peintre à ses heures, est souvent en tournée mais il rentre régulièrement au bercail. Et là, bien que moi-même Munichois, je le comprends.

Et que dire des agapes? On y trouve «une telle variété de soupes, de sauces, de salades et le tout préparé avec tant de goût dans la gastronomie locale que c'est à peine si la cuisine de la noblesse française peut lui être comparée...» Cette appréciation n'émane de personne d'autre que de Michel de Montaigne, bon vivant et grand voyageur s'il en fût. Certes il vivait au XVIe siècle et, depuis, certaines choses ont changé.

*Thomas Scherer*

à gauche: Il convient de recouvrir son toit de bardeaux au moins sur un versant. Il se trouve encore des couvreurs pour ce travail dans le canton.
ci-dessous: Ferme typique de la région et vue sur le paysage pittoresque des alentours, prés de Weiler.

ujourd'hui encore la coutume a préservé ses caractéristiques; elle se réfère au calendrier paysan, lequel est quasiment calqué sur l'année des pratiques religieuses. La coutume s'ancre dans le temps qui passe, elle nous permet d'apprécier ce qui fut et d'envisager aussi le temps de l'avenir. Et elle a longtemps contribué à niveler les conditions de vie.

# Coutumes
## ancestrales

Le retour des troupeaux à Maierhöfen. Des milliers de curieux se rangent sur les bords des chemins pour assister au retour des troupeaux qui redescendent de l'alpage; cette coutume a lieu au cours d'une des trois premières semaines de septembre; pour l'occasion les têtes des bêtes ont été richement parées.

$\mathcal{O}$n peut déterminer de différentes façons le commencement de l'année paysanne. C'est la période des semences ou les travaux du printemps. Si l'on s'en tient au calendrier religieux, c'est plus simple, elle commence le premier dimanche de l'Avent.

$\mathcal{L}$es deux années coïncident le 2 février, à l'occasion de la Chandeleur. Nos ancêtres y voyaient la fin d'une période: la suie entraînée par les copeaux résineux qui alimentaient le feu dans l'âtre et le suif, qui ne donne qu'une pauvre petite lumière, pourront être oubliés jusqu'à l'hiver suivant. C'est la raison pour laquelle la lumière est le thème central de cette journée dédiée à la Vierge Marie. C'est la lumière du jour dont Simeon, le vieux sage, parle devant le Temple.

$\mathcal{C}$es deux apparitions de la lumière sont symbolisées par la bougie et le rat de cave (le rat de cave pèse en général un quart de livre; ce qu'on appelle son «fil» a une épaisseur de six millimètres et une longueur d'environ trois mètres). Une jeune paysanne devait autrefois apporter dans sa dot 25 livres de rat de cave, car les rats de cave protègent du malin. Ils étaient utilisés pour soigner des maladies et on les emportait aussi au tribunal pour influer sur l'issue des séances.

$\mathcal{L}$a couleur du rat de cave, elle aussi, était déterminante. La couleur rouge avait le pouvoir de chasser les mauvais esprits. Mais l'essentiel de son pouvoir s'exerçait dès lors qu'on utilisait des rats de cave rouges lors de plusieurs

Les lettres C.M.B (Christus mansonem benedictat) inscrites à la craie au haut des chambranles des portes par les enfants déguisés en rois mages sont de bon augure, puisque cela signifie «que le Seigneur Jésus bénisse cette maison». Ainsi Kaspar, Melchior et Balthasar sont-ils les bienvenus. (ci-dessus: les Rois mages à Christhofen). A Weißenhorn, dans l'arrondissement de Neu-Ulm, les cavaliers défilent lors de la procession de St.Leonhardt pour vénérer les patrons de ceux qui souffrent et ont des problèmes à résoudre (ci-dessus). A Attenhofen on sort l'âne à l'occasion du carnaval ; il s'agit là d'une coutume très particulière: ânier tout vêtu de noir pousse devant lui un «âne» recouvert de paille d'avoine (à droite). Photos: Designbüro Bauer & Partner, Neu-Ulm.

chandeleurs successives. Chaque chandeleur valait une entaille au bas de la bougie. Et ainsi le bonheur pouvait-il être assuré sur plusieurs générations. On en suspendait même un morceau au bras droit du crucifix qui avait sa place dans toute demeure.

ℒe jaune servait à protéger les céréales; le rose les parturientes et leur premier-né; le blanc ne devait pas manquer pour s'éclairer quand on récitait le chapelet des morts; le vert aidait à une abondante cueillette et le bleu permettait de rentrer chez soi sain et sauf. L'usage de ce dernier est particulièrement recommandé aujourd'hui aux automobilistes.

ℒa Chandeleur était aussi la fête des domestiques qui quittaient leur patron à ce moment-là de l'année. Le dicton selon lequel «mieux vaut retrouver son pays natal, si pauvre soit-il, plutôt que de servir même dans les meilleures conditions» n'est pas, aujourd'hui, dépourvu de sens.

𝔗out comme la Chandeleur, la St Blaise (le 3 février) est célébrée en l'honneur de la lumière: on y fait brûler des bougies croisées. Le 5 février est un jour particulièrement voué au culte de la lumière. Il est dédié à St Agathe, la patronne du feu. Jadis on y brûlait aussi des bougies. Dans certaines paroisses catholiques on prépare encore aujourd'hui «le pain d'Agathe» que l'on fait ensuite bénir à l'église. Cette bénédiction est concrétisée par un billet écrit en latin ensuite collé aux chambranles des portes des maisons et des étables pour assurer protection, une coutume qui était encore pra-

tiquée entre les deux guerres. Et la formule de bénédiction avait encore plus de pouvoir si le billet avait auparavant été frotté au front de la statue de St Agathe qui se trouve dans la chapelle de la Résidence des rois de Bavière à Munich. Dans le couvent des cisterciennes d'Oberschönenfeld il était ce jour-là accroché aux ouvertures des bouches de chaleur. On pouvait y lire une formule extraite d'un texte latin abrégé et marquée de trois croix: «Vénéré soit Dieu dans notre pieuse humilité. Et que le pays natal soit libéré du feu de l'enfer, ô St Agathe, exauce-nous!»

ℒe Mardi gras et les jours qui le précèdent est en Souabe moins marqué par la lumière. Là, c'est en se déguisant qu'on chasse les mauvais esprits – qui sont aussi stupides et leur stupidité les incite à croire que derrière certain masque pourrait se cacher un véritable esprit, si bien que pour se mettre en sûreté, ils prennent le large. C'est «la sorcière» qui, parmi les nombreuses figures originales montrées lors du Carnaval souabe, se manifeste le plus souvent. C'est à Lauingen qu'elle a gardé ses caractéristiques les plus marquantes. Devant incarner l'hiver alentour, elle effleure les dos de son balai, ce qui représente une forme ancienne de la prière pour la fécondité, autrefois une de ses missions originales.

𝔗andis que les bûchers dressés le dimanche suivant le Mercredi des cendres poursuivent plutôt le but universe. L'hiver doit y être brûlé sous la forme d'une poupée empaillée représentant une sorcière, car la paille résultant du battage des céréales représente l'hiver dans la croyance po-

pulaire. Des rondelles de bois de hêtres auxquelles on a mis préalablement le feu avant de leur faire dévaler la colline doivent rappeler que la course du soleil se rapproche de plus en plus du zénith.

ℒes jours de carême – que le Souabe, comme l'affirme un vieux dicton, préférerait reporter aux nuits – se terminent dans la Semaine Sainte qu'inaugure le Dimanche des rameaux. Cette journée remonte à la cérémonieuse procession des rameaux où elle trouve tout son sens. A côté des ânes de bois richement parés, toutes sortes de bouquets des Rameaux montrent, du Ries jusque dans l'Allgäu, la diversité de cette coutume festive. Mais en Souabe il n'est pas dans la tradition d'orner les branches de palmiers d'œufs de Pâques confectionnés pour la circonstance.

𝔄près le Vendredi Saint (que l'on commémore depuis près de trois cents ans en re-présentant le Saint Sépulcre dans les églises, suit la nuit de Pâques: on y allume le feu pascal, on asperge de l'eau pascale et on dépose en offrande une corbeille de fruits bénits. Chaque membre de la famille doit trouver dans son assiette, en souvenir des souffrances du Christ, une galette et une tranche de jambon accompagnées d'un œuf cru. On ne sait d'où vient la coutume des œufs de Pâques multicolores. Cependant, la tradition parle du lapin de Pâques. Mais en Souabe on n'a pas l'habitude de partir à la recherche de ces œufs. Ils se trouvent déjà dans un «nid de

lapin» préparé avec de la mousse et des brindilles par les enfants. La plupart du temps, entre le Ries et l'Allgäu, on siffle pour appeler ces lapins de Pâques, ou bien, comme dans la vallée de la Zusam qui se trouve dans le nord de la Souabe, on leur crie: «Lapin, lapin aux longues oreilles, ponds-moi un œuf!» ou même: «lapin, lapin, ponds vite sinon tu prendras des coups».

ℒ'arbre de mai, qu'on a abattu dans la forêt pour le dresser sur la place principale au lendemain de la nuit de sabbat – où sorciers et sorcières se sont retrouvés sur le Blocksberg –, représente les prémices de la vie. En principe on choisit un bouleau, car jusqu'en 1870 la plupart des forêts de Souabe n'étaient pas plantées de sapins. Il n'est pas d'usage d'imiter la façon bavaroise traditionnelle qui dresse chaque année le même arbre de mai.

𝔓entecôte, vu sous l'angle de la tradition, est une fête peu solennelle. C'est surtout la coutume – qui se réfère à l'oiseau aquatique – qui anime cette période plus marquée par le séculier. Trois jeunes garçons doivent (con)courir, le gagnant portant le bouleau dont on a joliment orné le tronc, le deuxième la bourse, le troisième le pot de saindoux, le quatrième la corbeille d'œufs, tandis que le dernier, représentant l'oiseau aquatique, recouvert de rameaux de bouleau et de hêtre, doit se promener de ferme en ferme où il sera aspergé d'eau. Il s'agit sans doute là d'un sacrifice

A Mindelheim, le plaisir du jeu et du déguisement se manifeste tous les trois ans lors de la fête du Frundsberg. Des hommes hirsutes se sont emparés de la ville. En souvenir du chevalier Georg von Frundberg (1473–1528), le meneur des lansquenets, et après avoir revêtu leur costume de fête pour reconstituer l'époque de la Renaissance, ils défilent devant la population en liesse: la musique, les danses, les jeux, les tréteaux dressés comme au Moyen Age, tout contribue à la reconstitution historique. Photos: Frundsberg-Festring.

destiné à acheter la faveur des cours d'eau afin de se concilier les esprits des crues.

Le feu de la St Jean et de la St Guy, fin juin, est avant tout un feu de joie qui devrait favoriser la fertilité. Celui qui saute par-dessus le feu est purifié. Souvent, à cette occasion, on lance dans l'eau de longs ballots de pailles enflammés au préalable. C'est bien là un sortilège relevant d'une coutume ancienne devant provoquer la pluie. Le 15 août, à l'Ascension, un bouquet d'herbes médicinales devrait apporter dans toute maison bénédiction et protection. Pour obtenir un brai bouquet il faut assembler 77 plantes.

Dans la contrée s'étendant le long du Danube surtout, chacun devait, pour la fête annuelle villageoise, la Kermesse, trouver dans son assiette deux «viennoiseries» à base de levain, la «Datsche» et le «Kirchweihknopf». Et jusque dans les Années trente du XXe siècle on fêtait le lundi suivant ce qu'on appelait «Sichelhänke», «la fête de la faux». Ainsi, pendant la moisson, les faucheuses devaient être pesées avant et après le repas de midi et la gagnante était celle qui pouvait faire état de la plus importante prise de poids.

Saint-Martin – aussi incarné par une petite galette aux noix – est un bruyant compagnon qui aujourd'hui encore, fait son apparition la veille du 11 novembre dans le nord de la Souabe et jusqu'aux environs de Gersthofen. Au Sud son pendant, Saint-Nicolas – «Klos» – se manifestait le 6 décembre pour punir ou récompenser. Jusqu'au début du XXe siècle ce dernier empiéta dans le nord de la Souabe sur le terrain de son rival, mais tout en restant invisible, ce qui correspondait autrefois à la coutume. Aujourd'hui «l'enfant Jésus» a pris la relève. Et le bouquet de la St Barbe (le 4 décembre), agrémenté de sucres d'orge et de clochettes tenait lieu, jusqu'en 1900, de sapin de Noël dans les villages du plateau jurassique de la Souabe du nord.

«La Journée des heurtoirs» fêtée à l'origine tous les jeudis du mois de décembre, a été fixée à une seule journée, celle du deuxième jeudi de décembre, afin de limiter la «mendicité». Ainsi, jusqu'aujourd'hui, dans certains villages, les enfants vont, ce jour-là, de maison en maison pour frapper à la porte avec leur marteau de bois tout en récitant leur comptine; en échange ils reçoivent des pommes, des fruits secs et un peu d'argent; parfois aussi un gâteau au levain.

Tout Souabe se doit d'avoir sa crêche. Normalement elle représente une grotte, où repose l'enfant Jésus, nichée dans une colline. Tout autour, des figurines sculptées dans le bois, ou en terre cuite.

La tradition des enfants qui chantent la venue des Rois mages (Sternsinger) est davantage qu'une collecte pour une bonne œuvre. Autrefois les «nuits enfumées» (Raunächte/Rauchnächte), le devenaient au moyen de branches de genévricr dont on faisait de l'encens. On pratique aujourd'hui encore cette coutume le Jour des rois en allumant des bâtons d'encens. Au début du XXIe siècle, de nombreuses traditions artificiellement établies ou empruntées à d'autres contrées viennent dénaturer nos traditions souabes. Mais il faut bien être conscient que plus les modes changent, plus les coutumes du calendrier souabe gagnent en couleur et en authenticité. Dans le musée du patrimoine folklorique d'Oberschönenfeld s'est ouverte en avril 2003 une exposition permanente consacrée aux «coutumes et fêtes du calendrier et de la vie», où sont exposés plus de 500 objets.

*Alois Sailer*

A Kaufbeuren, lors de la Fête des enfants, la plus ancienne de Bavière, quelque 1600 enfants se réunissent pour défiler.

C'est au son des trompettes et des tambours que la ville de Memmingen attire chaque année des milliers de curieux – qu'ils soient touristes ou autochtones-pour fêter la Journée des pêcheurs (Fischertag). Les grappes humaines se laissent entraîner à travers la ville parée aux couleurs de la fête (de guirlandes et de fanions bleus et blancs) pour finalement se presser autour du ruisseau du Ach, qu'on appelle ici tout simplement «le ruisseau de la ville». Des cris d'encouragement et d'enthousiasme s'elèvent de toutes parts. Il s'agit là d'une tradition ancienne qui remonte au XVIe siècle et qui se fête chaque été. A la fin du Moyen Age, lorsque Memmingen devint, grâce à son commerce et son artisanat, une ville libre impériale, les tisserands, tanneurs, cordiers et forgerons installèrent leurs boutiques le long du Ach, un ruisseau dont le lit avait été creusé artificiellement et tout particulièrement à leur attention par la ville. Afin de maintenir la propreté du ruis-

seau on le vide puis on le nettoie une fois par an. Mais auparavant l'usage veut que les truites de ses eaux soient pêchées par les compagnons des différentes corporations d'artisans. Les poissons étaient pris, et ils le sont toujours, avec une épuisette. Une fois le ruisseau asséché, ceux qui venaient d'accomplir ce travail pouvaient entonner le «chant des pêcheurs»: »gratte, gratte, la vase, la vase...», par lequel ils devaient le lendemain réveiller la Place aux grains du milieu de laquelle le vainqueur lance la formule des pêcheurs. A huit heures suivent les salves qui donnent à tous les pêcheurs le signal de se jeter à l'eau pour essayer, tout en lançant force jurons, d'y attraper la plus grosse truite. Sitôt prises, les truites sont confiées aux femmes qui se saisissent de la capture pour la jeter dans un seau. Puis une balance déjà installée sur la place du marché départage les truites selon leur poids et aide à désigner le vainqueur. Photos: Walter Dautzenberg.

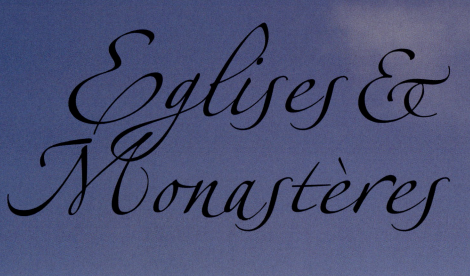

# Eglises & Monastères

Depuis le XIIIe siècle l'évolution historique de la Souabe a fait de cette région un pays morcelé. Ainsi un regard porté sur une carte historique permet de parler jusqu'au début du XIXe siècle d'un véritable patchwork. A la fin du Saint Empire plus de 150 territoires autonomes le composaient. Dès le VIIIe siècle les évêques d'Augsbourg avaient réussi à renforcer et à étendre leur influence par l'intermédiaire de nombreux cloîtres ou créations de paroisses. Nombreux étaient en Souabe les cloîtres fameux qui, animés d'un sentiment de rivalité religieuse et cultu-

Les deux puissantes tours de la cathédrale d'Augsbourg se dressent vers le ciel. Elles datent de l'époque romane. En revanche, le chœur occidental fut transformé en 1229 (page précédente). De gauche à droite: Samson et le lion sur les stalles (datant de 1495) de la cathédrale d'Augsbourg. Vue sur le bénitier et la nef orientale baignée de lumière de St Ulrich. Les «voûtes de Simpert» à l'arrière-plan de la chaire couronnent la chapelle funéraire. La nef latérale septentrionale de St Ulrich avec vue sur les magnifiques grilles en fer forgé. A Augsbourg, l'église luthérienne de St Anna. Offerte par Jakob Fugger, la chapelle, dans le prolongement de la nef centrale où reposent le donateur et ses frères. Page de droite: vue sur le déambulatoire de St Anna d'Augsbourg.

relle, cherchaient en outre à consolider leurs paroisses entre le Lech et l'Iller pour y assurer activement le gouvernement des âmes. Pendant la Réforme et la Guerre de Trente ans l'Eglise perdit certes de nombreuses abbayes et paroisses, son influence cependant put être rétablie grâce à un profond engagement religieux et culturel pendant l'époque baroque. En 1670 l'évêché d'Augsbourg ne comptait pas moins de 110 cloîtres et 1.700 prêtres œuvrant dans 866 paroisses.

A la fin du Saint Empire romain germanique, lorsque, au début du XIXe siècle, furent dissous les pouvoirs de la délégation du Reich, l'Etat épiscopal et les cloîtres impériaux représentaient à eux seuls 57,5 % de la surface de la Souabe, et par là le territoire souverain le plus important. Près de la moitié de la population vivait sur les terres appartenant à l'Eglise. Sur les 13 abbayes impériales que comptait la Bavière 11 se trouvaient en Souabe. Et, conséquence de cette politique morcellant le territoire, c'est en Souabe que, voici encore 100 ans, se trouvait le plus dense réseau de paroisses de toute la Bavière.

On apprécia ces Souabes devenus bavarois en vertu de leur joie de vivre baroque et de leur sensibilité culturelle. A la fin du XVIIIe siècle l'expression du baroque était multiple. Le Siècle des Lumières l'avait propagée lors des rénovations à l'intérieur des églises et préparait ainsi la sécularisa-

tion dans les esprits. Et ce furent 17 cloîtres impériaux à l'intérieur et à l'extérieur de la Souabe, 39 chapitres et cloîtres et d'innombrables autres couvents qui furent supprimés, ce qui représente une perte, qui au XIXe siècle entraîna un grave appauvrissement de la région, tant sur le plan artistique et culturel qu'éducatif.

Le rattachement de la Souabe à la couronne de Bavière eut tout d'abord de terribles conséquences culturelles. Cependant remarquable est la façon dont de nombreux signes de la première période chrétienne – en premier lieu la vénération de Sainte Afra – ont survécu à cette profonde révolution du style architectural et en dépit de la réalité baroque qui l'avait précédée. Aux XIe et XIIe siècles les cloîtres importants étaient des donations provenant la plupart du temps de la noblesse, ce qui fit naître un véritable paysage spirituel. Et quelles ne furent pas les difficultés religieuses et séculières qu'Augsbourg et la Souabe eurent à surmonter! La Réforme et la Contre-réforme furent appliquées dans plusieurs villes et comtés de façon sensible. Et pourtant, tant dans l'histoire que dans l'histoire des religions l'apogée est bien la «Confessio Augustana», cette confession nouvelle qui, en 1530, fit d'Augsbourg un lieu d'élection pour y inaugurer de véhéments débats religieux de la plus haute importance, lesquels conduisirent à la plus difficile épreuve de rupture connue jusqu'alors du monde

chrétien mais qui en même temps provoquait un arc-en-ciel d'espérance dans les cœurs.

Tandis que dans les villes libres impériales s'imposait définitivement la Réforme, s'apprenait, en vertu de la Paix confessionnelle d'Augsbourg l'importance de la vie commune en bonne intelligence, respectueuse de la parité et de l'égalié des droits des confessions. La mission œcuménique de 1530 est aujourd'hui encore source d'espoir pour les contemporains comme pour les générations futures. C'est là, à Augsbourg – ville qui a postulé comme ville culturelle européenne – qu'on pourrait y voir pour tous une particularité religieuse qui interpelle l'actualité. Le meilleur symbole de l'œcuménisme d'Augsbourg en sont les deux églises Saint Ulrich, la basilique catholique rayonnant de tous ses feux et, adossée à son édifice, la protestante.

La Réforme a fait perdre à l'église catholique 24 cloîtres et quelque 230 paroisses ainsi que 300 bénéfices concistoriaux. Certains purent être récupérés lors de la Contre-réforme, mais la Réforme avait gagné les cœurs.

Après la Guerre de Trente ans l'art, la peinture et l'architecture réunis par l'église connurent pendant un siècle et demi une période culturelle florissante. De vastes complexes abbatiaux flanqués de somptueuses églises furent construits, comme à Kempten,

Edelstetten, Irsee, Füssen, Ottobeuren. Pas un cloître, pas une église d'une certaine importance qui n'ait pu s'offrir de magnifiques bâtiments annexes.

C'est bien là cette architecture baroque pompeuse qui fait écho à la vénération des saints, aux pèlerinages et à une riche tradition culturelle.

L'université de Dillingen est restée un centre spirituel, malgré sa transformation en lycée en 1803–1804. Le rattachement à la Bavière entraîna la dissolution de cette seule université, sise sur les bords du Danube. Ce n'est que dernièrement, à l'occasion de la création de l'université d'Augsbourg et de sa faculté de théologie que cette injustice a pu être réparée.

Les riches édifices des institutions religieuses – des églises et des cloîtres – firent de la Souabe l'un des paysages d'Allemagne les plus propices à l'art. On trouve partout des documents attestant tout au long des siècles les capacités d'artistes et artisans originaires de la région mais reconnus bien au-delà. Ce qui surprend moins, c'est, comme cela a été mentionné plus haut, la prédominance tolérée du baroque et du rococo dans la quantité de témoignages datant d'époques reculées et qui complètent l'image de cette région marquée par la diversité et la multiplicité culturelles. Les principaux acteurs de cette floraison culturelle en étaient les différents ordres dont le nombre s'élevait à plus d'une vingtaine: les bénédictins, les cisterciens, les carmes et franciscains, les frères prêcheurs. A eux seuls les bénédictins firent construire 17 somptueux ensembles architecturaux.

A Kempten, l'église abbatiale St Lorenz fut en Allemagne le premier édifice monumental de cette sorte construit après la Guerre de Trente ans qui marqua le début d'une évolution dont le couronnement fut Ottobeuren cent ans plus tard, abbaye qui compte parmi les réalisations les plus remarquables du XVIIIe siècle. Les autres édifices d'art sacré font partie également de ce paysage divers composé

L'église collégiale d'Irsee (1699–1704), un édifice du baroque tardif richement décoré. L'emblème en est une chaire en forme de proue (page de gauche). De haut en bas: la sobre façade de la collégiale d'Irsee. Montée de l'escalier de l'ancien corps de bâtiment du cloître d'Irsee, rénové grâce au Bezirk Schwaben. L'ensemble est devenu un centre de formation et de congrès très recherché. La salle d'apparat d'Irsee (photo d'Andreas Brücklmair) à l'occasion d'une exposition de l'artiste augsbourgeois Christofer Kochs.

d'abbayes. Cela va de la nef centrale à l'esquisse d'une église de village, en passant par la basilique de St Martin de Kaufbeuren, dont la nef centrale est flanquée de deux nefs latérales – une caractéristique de l'art gothique comme l'église réformée St Georg à Nördlingen.

Tout aussi multiples sont les ornements qui témoignent du plus grand art, de la capacité constante des Souabes à conjuguer l'actualité avec le passé. Ainsi de l'abbaye Heilig Kreuz (Sainte Croix) à Donauwörth, de l'ancien cloître de St Mang, de l'abbaye d'Oberschönenfeld, de l'ancienne abbaye bénédictine d'Irsee, de l'église votive de Tous les Saints à Jettingen-Scheppach. A Kempten l'ancien cloître bénédictin et l'église de St Lorenz, l'église votive Maria Steinbach, à Lindau l'église paroissiale Maria Himmelfahrt, à Obermedlingen l'église paroissiale Mariae Himmelfahrt, le cloître de Roggenburg, l'ancien domaine du cloître de Thierhaupten, à Aichach la chapelle St Bartholomäus, à Bad Wörishofen le cloître Maria Reine des anges, à Günzburg l'église restaurée de Notre-Dame.

La sécularisation diminua l'étendue et le nombre des domaines paroissiaux et en réduisit le nombre d'édifices de façon considérable. Mais là aussi, à la suite de la réorganisation entreprise dès le siècle précédant, surgirent de nouveaux bâtiments paroissiaux qui perdurèrent jusqu'au XXe siècle. En 1950 le diocèse comprenait encore 925 paroisses. De nombreuses églises nouvelles furent édifiées à la suite des événements de l'après-guerre. En raison de l'étroitesse du domaine politique et de l'évolution historique il advint qu'en Souabe apparurent de très nombreux centres culturels autonomes, même dans de petites communes, ainsi qu'une dense structure paroissiale. C'est ce qui différencie le diocèse d'Augsbourg et de Souabe des autres diocèses bavarois. En Bavière il n'est pas de densité paroissiale plus grande qu'en Souabe. Dans le domaine architectural cela représente un nombre important de cures qui ont été placées sous la sauvegarde des Monuments historiques, ce qui signifie en même temps des dépenses croissantes auxquelles doit faire face le diocèse. Les Monuments historiques ne disposent pas de moyens financiers suffisants pour pouvoir mettre au point un programme culturel dynamique qui s'appuie sur des structures décentralisées et qui revalorisent l'espace rural. Quand on pense que c'est avant tout dans les localités d'une certaine importance que s'y ajoutent les habitations des sacristains et des vicaires d'une part et les communs des paroisses d'autre part, on prend conscience que dans ses conséquences actuelles il s'agit plutôt d'un problème d'ordre séculier que religieux. Le manque croissant de prêtres ne permet pas d'entretenir les cures. Actuellement près de la moitié des quelque 1.020 paroisses du diocèse ne sont pas occupées. Mais pour assurer l'existence légale des fondations on maintient ces paroisses. Normalement un prêtre doit assurer désormais le bon fonctionnement de plusieurs paroisses. Face à ce dilemme des cures à la valeur historique et architecturale incontestable mais qui ne remplissaient plus leurs fonctions religieuses ont dû être sacrifiées, malgré les efforts financiers considérables entrepris par le diocèse. Ces 25 dernières années 56 cures ou autres édifices religieux de style baroque durent être démolis, souvent bien qu'ils aient été classés monuments historiques, ce qui chiffre la perte à un nombre plus élevé encore que celle provoquée par la sécularisation.

La cure et l'église constituent presque toujours le centre religieux et architectural de nos villages, ils en sont les points de référence historiques et culturels. Dès lors qu'on les démolit entièrement ou en partie, on occulte la conscience du passé et étouffe l'identité des villages. La plupart du temps l'église et la cure sont les seuls témoins historiques de la longue histoire de nos villages.

Il y a 200 ans encore, la Souabe de Bavière trouvait son expression dans un florissant paysage jalonné de cloîtres. L'effet de la sécularisation de 1802

A Roggenburg, église du cloître des Prémontrés de Maria Himmelfahrt, dernier édifice de l'architecte Simpert Kraemer, construit à partir de 1752 (en haut et sur la page de droite). Ancienne collégiale de St Pierre et Paul d'Oberelchingen, transformée à partir de 1746, sous la direction de Joseph Dossenberger le Jeune. L'intérieur date de l'époque classique précoce. Au milieu: vue sur le jeu d'orgues et la chaire richement décorée. En bas: le monastère de Wettenhausen, un ancien cloître des Augustins bâti selon les plans d'une résidence.

–1803 en fut d'autant plus destructeur, touchant tous les domaines, administratif, économique et avant tout culturel. Ce que prouvent de plus en plus les derniers résultats de la recherche. Et ainsi fut déterminé le caractère provincial du pays de Souabe. Comme le souligne Andreas Kraus dans son Manuel de l'histoire de la Bavière Tome III/2 «lorsque en Souabe furent supprimées simultanément les grandes fondations impériales et les cloîtres disséminés dans tout le pays – eux-mêmes des lieux d'expression culturelle à l'influence non-négligeable – la Souabe fut véritablement mortellement atteinte dans sa vie religieuse». En conséquence de la sécularisation, la Souabe perdit de nombreux éléments culturels essentiels, de nombreux trésors culturels et centres spirituels. Une centralisation appliquée en outre par la force priva la Souabe de ses richesses culturelles et en fit une province fatalement désertifiée. Nombre de cloîtres furent détruits, d'autres affectés autrement au bout de quelques années, comme par exemple les magnifiques abbayes de Niederschönenfeld ou de Kaisheim qui sont devenues des maisons d'arrêt, tandis que le cloître de St Mang de Kempten a été transformé en tribunal. Certains cloîtres dont l'importance avait été reconnue, furent réhabilités à la suite de deux décennies d'efforts poursuivis par le roi Louis Premier de Bavière pour atténuer les conséquences de la sécularisation.

C'est ainsi que l'abbaye bénédictine d'Ottobeuren et l'abbaye cistérienne d'Oberschönenfeld purent revivre de riches heures. Pour quelques rares autres magnifiques prieurés appartenant autrefois à l'Empire le renouveau fut possible au XIXe siècle encore, comme à Ursberg, où Dominikus Ringeisen, aidé de la congrégation de St Joseph, y installa un important établissement pour handicapés.

D'autres couvents jusqu'alors occupés par des ordres masculins ou féminins furent consacrés à la formation de niveau secondaire, comme le firent les dominicaines dans l'ancienne abbaye des Augustins à Wetten-

Abbaye bénédictine d'Ottobeuren (arrondissement du Bas-Allgäu). Page de gauche: magnifique intérieur de la basilique pendant un des concerts qui comptent parmi les temps forts de la vie muséale de la région. Des architectes et des artistes de renom, dont Johann Michael Fischer qui en a marqué profondément la phase finale (1756), ont participé à l'édification compliquée de cet édifice. C'est là que l'architecture baroque de l'Allemagne du sud a atteint l'apogée de son expression artistique (photos 1 et 2 en haut). Eglise votive de Maria Steinbach (arrondissement du Bas-Allgäu), construite de 1746 à 1754, l'un des meilleurs exemples du Rococo en Souabe bavaroise (photos 3 et 4 en haut).

hausen ou comme les bénédictins de St Stefan à Augsbourg. Tandis qu'une série de bâtiments de grande valeur artistique, architecturale et culturelle se détérioraient de plus en plus. Voici 25 ans presque l'ensemble des cloîtres, autrefois florissant, se trouvait à l'abandon, bien que dans le cadre d'une région structurellement et économiquement dynamique. Mais depuis beaucoup de choses ont changé.

*En* Souabe la restauration et parallèlement la nouvelle affectation des anciens cloîtres, qui avaient perdu leur mission initiale en raison de la sécularisation, a été particulièrement soutenue par le Bezirk. Tout commença en 1975 à l'occasion de l'Année européenne des monuments historiques: l'abbaye bénédictine impériale d'Irsee, qui depuis 50 ans est la propriété du Bezirk Schwaben – que ce dernier utilisait jusqu'à cette date comme maison de santé et établissement psychiatrique – n'était plus en bon état. Mû par une résolution courageuse qui tenait de l'esprit de pionnier le Conseil du Bezirk Schwaben avait, en 1974, décidé de remettre le cloître dans son état baroque initial tout en respectant les règles de restauration alors en vigueur, et d'en faire l'un des centres culturels officiels de la Souabe. Conscient de ses responsabilités vis-à-vis de ce patrimoine culturel le Bezirk Schwaben n'eut pas seulement à cœur de le remettre en état, mais aussi d'y assurer à long terme un nouvel usage. Si bien qu'au-

jourd'hui Irsee est l'un des lieux les plus prisés de la formation pour adultes. La restauration du cloître d'Irsee fut le point de départ et le modèle d'autres mesures de restauration de cloîtres. La somme occasionnée alors à cet effet – 20 millions de marks à l'époque – dont la part accordée par l'Etat bavarois était proportionnellement infime, paraît aujourd'hui fort modeste.

*Il* en alla de même pour les anciens cloîtres de Thierhaupten, de Oberschönenfeld, de Roggenburg, pour la chartreuse de Buxheim, à Obermedlingen, pour le cloître Maria Reine des anges à Bad Wörishofen, pour le cloître de la Sainte Croix à Donauwörth, pour le cloître des capucins de Wemding, pour le cloître des antoniens à Memmingen, à Mindelheim et pour l'ancien monastère d'Edelstetten réservé aux nonnes; partout le Bezirk Schwaben dépensa des sommes considérables pour restaurer les édifices.

*Quand* bien même certains ensembles architecturaux de ces édifices religieux sont restés à peu près intacts et qu'ils ont résisté aux assauts du XIXe siècle, les conséquences de la sécularisation ne peuvent être atténuées qu'aujourd'hui, 200 ans après, grâce à une nouvelle mission culturelle orientée vers l'avenir. En Bavière chacun des 7 Bezirk a les mêmes compétences que le Bezirk Schwaben, mais il a ses caractéristiques régionales, ce qui entraîne certaines priorités

culturelles et économiques. La Souabe, quant à elle, a trouvé judicieux de restaurer ses cloîtres, qui constituent une riche unité culturelle, dans l'idée de poursuivre des buts efficaces et de réaliser une œuvre culturelle porteuse d'avenir. Dans ce sens le Bezirk Schwaben s'est sans aucun doute amplement qualifié. Parfois se pose la question de savoir si nous savons désormais faire face au passé destructeur de la sécularisation en y substituant un nouvel ordre spirituel dans les cloîtres sécularisés où devrait dorénavant s'exprimer une mission de rassemblement tournée vers l'avenir, et ce dans le sens où cette province – trop souvent morigénée à tort – le village donc, avec ses valeurs rurales et ses édifices religieux, doit savoir reprendre à son compte cette mission culturelle particulière dans le contexte nouveau du XXIe siècle. Souhaitons un avenir prometteur à l'ensemble des cloîtres restaurés de la Souabe. Les efforts entrepris autour des cloîtres de la Souabe de Bavière, dont l'activité connaît aujourd'hui un nouvel élan, sont les jalons d'une politique soucieuse d'assurer le présent et de se tourner avec confiance vers l'avenir. C'est la politique qu'a choisi de pratiquer le Bezirk Schwaben.

*Georg Simnacher*

ouvrages consultés
– Fassl, Peter, in «Bayerisch Schwaben», 2e édition, Konstanz 1996. p. 83 sq.
– Paula, Georg, in «Schwabens reiche Kulturlandschaft», a. a. O. S. p. 184 sq. ou «Vergangenheit hat Zukunft»

# LES FUGGER EN SOUABE

Le prestige des Fugger, qui ont marqué l'histoire de l'Europe moderne, est sans conteste lié à leur ascension sociale, économique et politique sans pareille. Et c'est justement pour cette raison que le rôle majeur qu'ils ont joué en tant que maîtres de l'Europe mérite notre attention, même si les Fugger sont encore plus connus en tant que négociants et banquiers établis à Augsbourg et pour leurs factoreries installées dans le reste de l'Europe et outre-mer. Les Fugger s'employèrent à acquérir des terres qui devaient les prémunir contre les effets éventuels d'une crise. Les propriétés s'agrandirent continûment, furent administrées avec le plus grand soin et dans la mesure du possible devaient être maintenues en tant que possession familiale inaliénable.

Les biens-fonds les plus importants et maintenus par-delà les siècles sont constitués par les seigneuries acquises, grâce aux biens hypothéqués du roi Maximilien, par Jakob II Fugger, dit Le Riche (1459–1525). Pour un prêt s'élevant à 50.000 florins le roi céda le 27 juillet 1507 à Jakob Fugger et ses descendants le comté et le château de Kirchberg situé sur les rives de l'Iller ainsi que les châtellenies de Wullenstetten, Pfaffenhofen, Illerzell, Wiblingen, Weißenhorn, Marstetten et Buch. Cela représentait un bien considérable comprenant plusieurs châteaux, églises, villages et même une ville tout entière – Weißenhorn – qui après Ulm était un centre important de filatures de futaine en Allemagne du Sud. Les Fugger obtinrent tous les droits régaliens, tous les fiefs, la juridiction et même le droit de grande vénerie. Le négociant était devenu du jour au lendemain un prince au pouvoir absolu. Il est vrai que Jakob Fugger fut exposé, à la suite de l'acquisition du comté de Kirchberg, à la vive hostilité de la noblesse aisée du cru, laquelle

n'était pas prête à reconnaître comme suzerain ce simple bourgeois d'Augsbourg. Jakob Fugger fut anobli en 1511 et rejoignit par là les dignitaires de l'Empire; trois ans plus tard il fut élevé au rang de comte de l'Empire.

Certaines des acquisitions du successeur de Jakob Fugger, son neveu Anton Fugger, étaient constituées par les châtellenies de Nordendorf et d'Obendorf, non loin de la voie principale qui mène d'Augsbourg et Nuremberg vers l'Allemagne du Nord. En août 1536 les clés de la ville de «Schwäbischwerd» – aujourd'hui Donauwörth – furent remises à Anton Fugger. Ainsi Anton Fugger pouvait assurer à l'Empereur le passage principal sur le Danube.

Anton Fugger avait acheté dès avril 1527, pour une valeur de 13.200 florins, la châtellenie de Gablingen située au nord d'Augsbourg. Peu après s'y ajouta le village de Mickhausen, au sud-ouest de la ville impériale. Mais ses tentatives d'acquérir l'importante ville commerciale de Mindelheim, pour laquelle Anton était prêt à débourser 100.000 florins, n'aboutirent pas. Les négociations échouèrent à cause de l'intérêt concurrent que manifesta le duc et prince électeur Maximilien Ier qui, lui-même, cherchait à étendre ses terres bavaroises pour se prémunir contre d'éventuelles agressions des villes libres de Souabe.

Le château de Babenhausen est considéré comme la demeure principale des Fugger; sa large façade s'élève majestueusement au-dessus de la vallée de la Günz. Anton Fugger (1493–1560) ce «prince parmi les marchands», en acquit, en 1538 auprès du Duc Ulrich de Wurtemberg, la suzeraineté et des chevaliers de Rechberg, le fief lui-même en 1539. Le parc y fut magnifiquement aménagé et plus tard Anton et sa femme furent enterrés dans l'église du château.

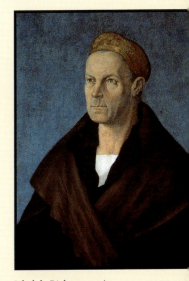

Jakob le Riche, portrait d'Albrecht Dürer.
Photo: Bayerische Staatsgemäldesammlungen;
à gauche: la chapelle Sainte Anne à Augsbourg, monument funéraire du donateur et de ses frères Ulrich et Georg Fugger.

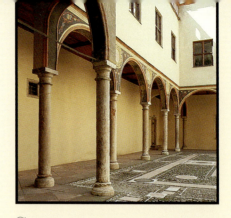

Sous les Fugger la seigneurie de Babenhausen connut la prospérité et de riches heures culturelles. Le 1er août 1803 le comte Anselm Maria Fugger fut élevé par l'Empereur François II au rang de Prince de l'Empire et du même coup fut octroyé aux seigneuries de Babenhausen, Boos et Kettershausen le titre de principautés impériales. Quelques années plus tard, le 12 juillet 1806, la principauté de Babenhausen fut rattachée à la Bavière.

Anton Fugger acquit en 1551 la châtellenie de Kirchheim, sur les bords de la Mindel. Après sa mort elle échut par tirage au sort à son fils Hans Fugger (1531–1598). Celui-ci héritait ainsi de Kirchheim – dont Eppishausen faisait partie –, de Mickhausen, Stettenfels et Glött, de Schmiechen en Bavière (et toujours en Bavière, mais plus tard, de Türkenfeld et Adelshofen), de Dürrlauingen, Winterbach et Hafenhofen. S'y ajoutèrent Reinhartshausen, Markt Dirlewang, Tiefenreith, Dachserg, Pestenacker et Walleshausen ainsi que d'autres petits comtés. Hans Fugger était lié d'amitié avec le Duc de Bavière Guillaume V, un homme de goût féru d'art. L'on se recommandait réciproquement des artistes tels que Friedrich Sustris, Antonio Ponzano et Hubert Gerhard. A cette époque on pratiquait la culture à la cour et les Fugger tenaient eux aussi à avoir une cour cultivée. C'est ainsi que les manières de cour à Kirchheim an der Mindel n'avaient rien à envier à celles de la cour de Munich. Les riches intérieurs décorés avec goût des châteaux des Fugger s'ouvraient sur de somptueux jardins abritant des pavillons de plaisance. Les dames se montraient en costumes d'apparat, tout de perles et de fourrures provenant du monde entier et

Les cours intérieures des résidences
des Fugger à Augsbourg

la plupart du temps importés par les Fugger eux-mêmes. A la cour de Kirchheim on tenait une nombreuse suite de domestiques, des chevaux de prix, des chasses élégantes et un bouffon pour le divertissement des éminents et illustres hôtes de ces lieux. Hans Fugger n'hésitait pas à dépenser jusqu'à 60.000 florins par an pour sa cour.

Les seigneuries des Fugger représentaient depuis le XVIIième siècle le plus grand ensemble de seigneuries de la Souabe orientale qui fût jamais aux mains d'une famille de la région. En 1658 les Fugger régnaient sur 60 villages, une petite ville et 43 lieux-dits. Si l'on se représente les propriétés foncières du Comté de Mering, et si l'on se souvient des efforts d'Anton pour obtenir le margraviat de Burgau et même le duché de Neuburg an der Donau – ayant jusque-là appartenu aux Comtes du Palatinat –, on saisit l'évidence de cette politique: grâce à une extension onéreuse mais conséquente des terres fut obtenu un domaine territorial plus ou moins continu allant de l'Iller, du Lech et du Danube au lac de Constance – la propriété la plus méridionale des Fugger étant alors la seigneurie de Wasserbourg. L'avenir décida du titre à donner à ce comté successivement margraviat, comté palatin, duché de Souabe... La constitution de cette seigneurie des Fugger dura plus longtemps que les temps mouvementés où elle fut placée sous la protection du Royaume de Bavière puis rattachée à ce dernier au début du XIXième siècle. Les souverainetés de l'époque se poursuivirent à travers les juridictions seigneuriales et patrimoniales reconnues par l'Etat bavarois; les Fugger eux-mêmes faisaient désormais partie des seigneurs accueillis à la cour du nouveau roi de Bavière. Ainsi en 1913 Carl Ernst Ludwig

Fugger von Glött (1859–1940) fut-il élevé au rang de prince bavarois par le roi Louis II de Bavière. Par-delà toutes les banqueroutes et par-delà toutes les guerres les Fugger furent en mesure d'affirmer leur position, qu'ils aient été barons, comtes ou princes.

Les châteaux de Babenhausen et de Kirchheim an der Mindel sont des points d'attraction particuliers, car ils peuvent être visités. Dans la partie la plus ancienne du château de Babenhausen, autrefois «Château de Rechberg», s'est ouvert en 1955 le musée des Fugger. A l'occasion d'une visite guidée, des explications détaillées sont données sur le faste des Fugger, leur position influente dans les domaines économique, politique et culturel ainsi que sur l'histoire de leur famille. Une quantité d'objets d'art et d'histoire de grande valeur donnent une idée en diagonale de l'évolution des 400 dernières années. Le château des Fugger à Kirchheim an der Mindel situé sur un petit éperon au-dessus de la vallée de Flossach est, de par sa tour haute de 70 mètres le visible emblème de Kirchheim, il domine toute la vallée. En 1578 Hans Fugger (1531–1598) fit édifier un magnifique ensemble inspiré de l'Escurial de Madrid, conformément à l'idée d'unité que constituent le château, l'église et le cloître. Les plans furent confiés à l'architecte augsbourgeois Jakob Eschay.

C'est un véritable événement que de visiter la Salle des Cèdres; il s'agit là d'une grande salle d'apparat de 36 mètres de long et de 12 mètres de large. Le plafond d'une surface de quelque 400 m², de style maniériste, fait partie des plus beaux qu'ait donnés la Renaissance en Europe; il est recouvert de figures grotesques, de masques, de coquillages, de visages féminins, de têtes de méduses, de guirlandes, de rosaces et de fruits. Le plafond est fait de bois de cèdre du Liban. Les autres bois sont des bois du pays comme, par exemple, le frêne hongrois, le hêtre, l'érable, le noyer. Les différents coloris du plafond proviennent de leur combinaison. C'est en 1585 que Wendel Dietrich créa cette œuvre d'art. La Salle des Cèdres rend par son éclat ce que bien des Fugger devinrent au XVIième siècle, à savoir des mécènes

Hans Fugger et sa femme, Mademoiselle Elisabeth von Nothafft-Weißenstein (1531–1598). Elle passait pour être «la plus belle jeune fille parmi les dames de la cour de Bavière».

des arts plastiques et de la musique. Aujourd'hui la princesse Angela Fugger de Glött poursuit la tradition; la châtelaine y donne en été des concerts. Et ce qui frappe chez les Fugger, c'est le fait que non seulement ils créèrent un empire marchand à travers l'Europe et le monde entier, mais aussi qu'en même temps ils édifièrent une seigneurie de noble lignée peu commune.

Du métier à tisser à la puissance mondiale, telle est l'histoire des Fugger. Le prestige des Fugger est sans doute aucun lié à leur ascension économique, politique et sociale sans pareille. Elle commença dans l'atelier de tissage, avant de se poursuivre dans les comptoirs d'Europe et d'outre-mer; puis les Fugger devinrent les banquiers des empereurs et des rois et même de papes. A Augsbourg, la plaque tournante d'alors de l'empire du négoce des Fugger, les maisons sises aujourd'hui aux numéros 36–38 de la Maximilianstrasse rappellent ce glorieux passé: il s'agit d'un imposant ensemble architectural ouvert sur des cours intérieures à l'italienne. La magnifique pierre tombale – datant de la Renaissance – gravée pour Jakob Fugger dans l'église de Sainte Anne ainsi que la Fuggerei, cette cité réservée aux humbles – une œuvre sociale qui est aujourd'hui encore propriété privée des Fugger l'attestent aussi depuis le XVIIème siècle. Elle est la plus ancienne du monde et a pour but de secourir, en leur donnant un toit, les couples mariés «tombés dans la misère sans en être responsables.» Le loyer annuel s'élève à 0,88 euros par logement. Le rôle qu'ont joué les Fugger en tant que propriétaires terriens doit aussi être mentionné. Ainsi c'est par opportunité qu'ils acquirent des terres...                    *Martha Schad*

La Fuggerei d'Augsbourg a été créée par Jakob Fugger et ses frères en 1516 et constitue «la cité sociale réservée aux indigents» la plus ancienne du monde.

La synagogue d'Augsbourg, construite de 1914 à 1917. Détails du somptueux intérieur et de la coupole au style «syrien».

# En Souabe sur les traces des Juifs

Quelles traces nous reste-t-il des Juifs en Souabe? On ne les reconnaît pas au premier coup d'œil. Certaines vous échappent une vie durant. Les cimetières se trouvent la plupart du temps à l'écart, sont entourés d'un mur et fermés au public. Les synagogues ne peuvent être reconnues que lorsqu'on a entendu parler de leur existence. Mais elles sont bien là, même si elles sont souvent désaffectées, ou ont été transformées en maisons d'habitation, en écoles ou en magasins. Partir à la recherche de vestiges juifs c'est aussi aller à la rencontre de l'histoire. Quel fut le sort des Juifs? Depuis combien de temps les Juifs vivent sur le territoire de l'actuelle Allemagne reste un facteur inconnu. Peut-être y sont-ils arrivés en même temps que les Romains. A Augsbourg, en tout cas, le premier Juif, Joseph d'Augsbourg, est évoqué en 1212. Apparemment s'y forme bientôt une communauté juive autour d'une synagogue, des bains, un tribunal rabbinique, une école et une salle des fêtes. Les noms de lieux en trahissent aujourd'hui encore quelque chose: la Montagne des Juifs (Judenberg) indique la présence des habitants d'alors et l'actuel Bain aux corbeaux (Rabenbad) ne correspond à rien d'autre qu'aux bains juifs (Rabbibad) d'autrefois.

Tout comme à Augsbourg vivaient aussi des Juifs dans d'autres villes, et surtout dans les villes libres impériales: comme par exemple à Donauwörth, à Nördlingen, à Memmingen. Ils y dépendaient directement de l'Empereur. En échange d'un impôt élevé il leur assurait protection. Comme ils étaient exclus des corporations, seul leur était possible le commerce de l'argent, un métier qui leur valut de nombreux ennemis. Car quel est celui qui aime son créancier? On n'eut de cesse de trouver des raisons de se débarrasser des Juifs et par là de ces créanciers indésirables. On les accusait de profaner les hosties ou on les rendait responsables de la Peste, alors que de par leurs règlement sanitaires très stricts, ils étaient moins sujets à la maladie que d'autres. C'est ainsi que furent massacrés lors de l'année de la Peste noire en 1398 100 Juifs sur 120. Aucun sceau royal protecteur ni aucune lettre de protection impériale n'y fit. Leur sort ne fut pas meilleur dans d'autres villes Ainsi on peut lire dans les Annales de Nördlingen: «De la même façon on massacra les Juifs à la Sainte Marte en 1348». En fin de

Le livre de la circoncision.

compte c'est presque partout que les Juifs furent chassés des villes. De 1438 à 1803 aucun Juif n'avait l'autorisation d'habiter à Augsbourg. En 1518 la ville de Donauwörth expulsa ses Juifs et en 1599 l'Empereur Ferdinand accordait la liberté à la ville de Memmingen de se débarrasser de ses habitants juifs. Quand à Günzburg, la ville eut le droit de «pousser dehors» les siens.

Ce qui prend de l'importance et a laissé des traces visibles, c'est la communauté juive rurale. A l'époque il n'y avait pas de territoire uniformément constitué: Pfersee, Hürben, Binswangen, Kriegshaber, Fischach étaient rattachés au margraviat autrichien de Burgau, tandis qu'Oettingen appartenait au prince d'Oettingen. D'autres lieux faisaient partie du chapitre d'Augsbourg. C'est là que les Juifs avaient l'autorisation de s'installer, car enfin ils apportaient du bon argent dans les caisses. Parfois même la moitié de la population était juive. Kriegshaber, aujourd'hui un quartier d'Augsbourg, appartenait à l'Autriche et la présence des Juifs est attestée jusqu'en 1569. La synagogue de la rue d'Ulm, quoique très bien conservée, est vide aujourd'hui et attend sa nouvelle vocation. On la reconnaît à l'étoile de David accrochée au-dessus du portail. Les maisons flanquées de part et d'autre, pour la plupart des magasins, étaient toutes entre les mains de Juifs et l'on raconte qu'elles étaient toutes reliées à la synagogue par un étroit couloir afin que les habitants puissent aisément, sans devoir traver-

ser la rue, rejoindre la synagogue en temps de crise.

Aujourd'hui encore, en plein Fischach le lieu «Am Judenhof» (dans la cour des Juifs) atteste que des Juifs y ont vécu. L'ancienne synagogue, aujourd'hui maison d'habitation, restaurée avec goût et discernement et dans laquelle l'aménagement d'une niche réservée à la Thora est encore visible, se trouve dans les parages immédiats de l'église catholique. Les Juifs de Fischach ont beaucoup contribué au développement de la commune. Dans les associations, chez les pompiers volontaires, ils en étaient les indispensables membres, et au cimetière juif une plaque commémorative rappelle le nom des hommes tombés pendant la Première guerre mondiale. Lorsque les Juifs eurent enfin le droit de réintégrer les villes, là aussi les Juifs, comme aussi dans les localités de moindre importance, choisirent l'exil. Les derniers Juifs furent déportés en 1942. Depuis quelques années un emplacement commémoratif évoque leur souvenir.

Trois synagogues rurales ont été rénovées ces dernières années: à Ichenhausen, à Binswangen et à Hainsfarth. Découvertes par hasard, elles étonnent. Mais sans doute moins à Ichenhausen, car la magnifique synagogue, attribuée à Joseph Dossenberger, s'ordonne bien dans le cadre ambiant. Si elle avait une tour, on pourrait la prendre pour une église. Par bonheur elle ne fut pas incendiée lors de la Nuit de cristal, car une destruction aurait eu de fâcheuses conséquences pour les maisons contiguës. C'est ainsi que l'édifice resta debout, même si l'intérieur fut démoli. Lorsque le maire d'alors, Moritz Schmid, eut l'intention de faire rénover la synagogue, qui entre-temps avait servi d'entrepôt aux pompiers, il se heurta à une vive résistance mais tint bon. Aujourd'hui elle brille de tous ses feux, la voûte céleste du plafond rappelle la promesse de Dieu à Abraham de rendre sa semence aussi riche que le firmament étoilé. La galerie réservée aux femmes a été conservée, de splendides vitraux ont été rajoutés. Ce qui manque, ce sont les Juifs. On n'y célèbre plus d'office religieux. La châsse de la Thora n'est plus

qu'évoquée, par une peinture, la flamme éternelle ne brûle plus. Mais à l'étage supérieur une exposition permanente présentant de nombreux documents iconographiques et même des morceaux de la châsse de la Thora, permet de se faire une idée précise de ce qui fut jadis.

Les découvertes faites dans le grenier sont de première importance: des objets de culte, des livres saints et d'autres objets sacrés, autant de témoins conservés par les Juifs dans cet endroit secret qu'est le «Genisot». On y trouva aussi 70 rubans pour Thora. De quoi s'agit-il? A son dixième jour le petit garçon juif est circoncis. Les langes dans lesquels il est emmailloté à l'occasion de cette fête particulière étaient, selon l'usage, déchirés en bandelettes. Recousues les unes aux autres elles constituaient un long raban que les mères brodaient précautionneusement et avec plus ou moins de bonheur, de motifs représentant la vie religieuse, tels que la circoncision, Barmizwa, cérémonie nuptiale. Puis on le déposait à la synagogue et on en enroulait ainsi la Thora. Cette coutume ne se pratique qu'en Souabe, en Franconie et en Alsace. On trouve de ces rubans au musée de la culture juive de la synagogue d'Augsbourg.

Ichenhausen comptait une communauté juive nombreuse et vivante, dont les débuts remontent même à 1559. Au milieu du XXe siècle, avec ses quelque 1.100 habitants, elle était même, après Fürth la plus importante de Bavière.

Un jour une fillette me demanda s'il était vrai que tous les Juifs soient riches ? C'était ce que ses parents lui avait expliqué de façon plausible. Loin de là. En effet les redevances étaient élevées et on peut lire chez Jakob Blum, le maître d'école que «un Juif d'Ichenhausen vivant sous la protection de l'Empereur devait courir sans relâche jusqu'à ce qu'il ait seulement gagné ce que ses dépenses lui occasionnaient d'impayés, ce qui dans ce cas entraînait la perte de la protection impériale». Les associations juives d'aide aux malades, de distribution de bois ou de bienfaisance indiquent que nombreux étaient les indigents. De

Les accessoires dont on pare la thora: le bouclier, la couronne et le manteau, Jüdisches Kulturmuseum Augsburg-Schwaben.

La synagogue de Ichenhausen.

plus le nombre de ménages juifs autorisé était sévèrement limité, on ne pouvait fonder un nouveau foyer que lorsqu'un nouveau matricule était libre à la suite d'un décès. Celui qui n'obtenait pas l'autorisation de s'établir n'avait d'autre possibilité que d'errer sans domicile. Les mendiants juifs passaient de commune en commune où des membres de la communauté confessionnelle les recueillaient et prenaient soin d'eux, mais ils devaient reprendre leur balluchon au plus tard trois jour après. Nombreux furent ceux qui s'exilèrent en Amérique et qui là-bas, au pays des possibilités infinies, acquirent honneurs et fortune grâce à leur labeur et à leur esprit d'entreprise. Un célèbre exemple en est Levi Strauss, l'inventeur du Jeans, ce Franconien né à Buttenheim, ou encore Michael Riess, lequel n'oublia jamais de gratifier Wallerstein, sa commune d'origine, y faisant de fréquentes visites pour finalement y mourir. Sa tombe se trouve au cimetière de Wallerstein.

A Binswangen au beau milieu d'un pâté de fermes souabes se trouve la synagogue, qui ne laisse pas d'étonner: des vitraux et un portail en fer à cheval, un pignon à redans gothique couronné de deux tables de la loi et un serpent d'airain. Que l'on pénètre dans la synagogue et l'on est surpris par les ornements tout de bleu et de rouge ainsi que les chapiteaux des colonnes en forme de palmier. Comment expliquer la présence de ce gracieux édifice oriental d'architecture urbaine dans cet environnement campagnard? Certes le style architectural n'était pas improvisé, quand bien même l'orientalisme était moderne, mais là n'est pas la raison. Le roi Louis Ier de Bavière avait défini certaines caractéristiques qui permettaient de reconnaître au premier coup d'œil s'il s'agissait d'une église, d'une mairie ou d'une synagogue. A la synagogue il attribua le style néomauresque. C'est ainsi que les Juifs de Binswangen eurent droit à cette exotique maison de Dieu.

L ors de la Nuit de cristal les troupes SA contraignirent un citoyen de Binswangen à forcer la porte de la synagogue. Puis ils réduisirent en morceaux l'aménagement intérieur. Dès

A gauche: La synagogue de Binswangen présente une achitecture de style mauresque.
A droite: La synagogue de Steinhart.

lors la synagogue eut toutes les fonctions possibles. En 1967 les colonnes furent arrachées et un jour proposées à la vente. C'est alors que Joseph Reißler intervint et avec l'aide de l'office des Monuments historiques sauva les précieuses colonnes. C'est aussi lui, qui en tant que maire, incita le conseiller général de Dillingen Dietrich à restaurer la synagogue.

L a troisième synagogue rurale de Souabe à avoir été rénovée se trouve à Hainsfarth près d'Oettingen. Certes, de par sa situation elle n'attire pas l'attention, elle est presqu'au bout du village, pour ainsi dire dans une arrière cour, mais c'est aussi un splendide édifice de style néomauresque, dont l'intérieur, relevé de tons gais, surprend. La niche réservée à la Thora, tout comme dans les deux autres synagogues, a été passée à l'enduit puis décorée au pinceau. Là, et là seulement les briques ont été laissées telles quelles. Telles une plaie ouverte elles doivent rappeler ce qui a eu lieu. L'inscription au-dessus du portail, en lettres hébraïques d'or, des paroles du psaume 100 le rappellent: «Allez audevant de Lui avec reconnaissance, pénétrez dans ses jardins en faisant ses louanges! Remerciez le Très Haut, célébrez son nom !» En dessous, en chiffres hébraïques l'année juive de l'édification, en l'an 5620 compté depuis le commencement de monde et, en chiffres arabes, l'année de sa réfection: 1996.

A Hainsfarth aussi la restauration de la synagogue provoqua chez certains

une vive résistance. Engelhardt, le maire de la ville eut droit à plus d'un reproche et même à des menaces de mort. Et aujourd'hui encore la synagogue peut s'enorgueillir davantage de la visite des étrangers que de celle des autochtones:«On n'y va pas, nous, les habitants de Hainsfarth», me lança un jour un habitant du coin, alors je m'y trouvais pour un concert. Des synagogues, il y en a aujourd'hui dans d'autres lieux, mais elles remplissent d'autres fonctions. A Oettingen, sur la façade de la maison d'habitation qui fut un jour la synagogue, on peut voir l'étoile de David; à Buttenwiesen la synagogue est devenue une école. A Mönchsdeggingen l'ancienne Mikwa est bien conservée et fait office de musée. La synagogue de Harburg construite en 1754 se trouve au milieu du village, au bord de la Wörnitz; la Mikwa, c'est-à-dire les bains juifs, était alimentée par les eaux de la rivière. Malgré l'engagement de personnes privées l'édifice ne put être dévolu à un but culturel, il fut vendu à un particulier. L'école et la maison du rabbin indiquent l'existence d'une importante communauté juive. Le cimetière situé sur la colline du Hünerberg à proximité du château-fort est le plus charmant cimetière juif que je connaisse. Les pierres tombales ornées avec art présentent d'affectueuses descriptions du défunt. Les longs textes rédigés en hébreu – seul le nom est parfois en caractères romains – se présentent souvent en acrostiche: les initiales de chaque vers, lues dans le sens vertical, composent le plus souvent le nom du défunt. Jamais ne

Cimetière juif de Steinhart.

manque la bénédiction «Que l'âme se perpétue dans la ronde de la vie». Bien des stèles présentent aussi des signes particuliers qui rappellent les fonctions du défunt: des mains croisées en signe de bénédiction racontent que le défunt appartenait au Kohanim, c'est-à-dire à la caste des prêtres. Une cruche indique un lévite auquel revenait autrefois la toilette des prêtres du Temple. Un couteau tient lieu de symbole pour la circoncision, un livre pour celui de l'école talmudique. D'autres signes, tels qu'une demi-lune, n'ont pas encore pu être interprétés.

*N*otre promenade se terminera à Augsbourg, notre lieu de départ. C'est là, dans la Halderstrasse que se dresse la seule synagogue de Souabe où ait lieu un office. Elle fut construite entre 1914 et 1917 par les architectes Heinrich Lömpel et Fritz Landauer, l'ancienne synagogue étant devenue trop exiguë. Lors de la consécration du splendide édifice de style nouveau avec sa coupole suspendue à 29m de hauteur, le maire de l'époque lui assura «une protection éternelle». Il se maintint jusqu'à la Nuit de cristal, le 9 novembre 1938, date à laquelle l'intérieur fut dévasté. On n'osa pas incendier le bâtiment lui-même, celui-ci avoisinant un réservoir d'essence. Dès lors le bâtiment se détériora. Entre-temps la synagogue s'est relevée. C'est en 1985 que fut terminée sa restauration, grâce au sénateur Julius Spokojny.

*U*ne synagogue de ce genre a beaucoup à dire sur la confession qui s'y pratique et sur sa communauté. «Sache que tu te tiens devant Lui» admoneste une inscription en hébreu gravée sur le fronton, tandis que la lumière éternelle symbolise la présence divine. On gravit plusieurs marches avant de parvenir à la châsse conservant la Thora contre le mur oriental. Elle est recouverte d'un précieux tissu. Dans une synagogue, il n'y a pas d'autel, ce n'est pas là le Temple ; ni non plus de grand prêtre ni de sacrifices. Après la destruction de Temple par les Romains en 70, il n'en est rien resté. Ceux qui s'étaient dispersés de par le monde savaient que «notre Dieu est avec nous», que sa présence n'est pas assignée à un temple. Le plus important leur est resté, il s'agit pour ainsi dire de «la patrie à emporter avec soi», la Thora. On y trouve l'élection du peule d'Israël, la promesse faite à Abraham, la délivrance du joug égyptien. Elle contient les commandements que Dieu leur a dictés sur le Sinaï afin qu'ils réussissent à vivre en hommes libres. Aujourd'hui encore, à l'occasion des rituels religieux, on recopie à la main la Thora – les cinq livres de Moïse – sur un long parchemin tendu entre deux baguettes. Le rouleau de la Thora est sacré, car il recèle le nom de Dieu. Et comme c'est le seul objet ayant subsisté du rite religieux du Temple, il est orné avec amour, revêtu d'un magnifique tissu de satin, le grand prêtre ayant lui aussi déjà porté un splendide vêtement. A son ourlet étaient fixées des clochettes et des grenades stylisées et aujourd'hui encore on continue d'accrocher aux bâtonnets de la Thora des boules et des clochettes d'argent. Le grand prêtre portait un bouclier orné de 12 pierres précieuses symbolisant les 12 tribus d'Israël. Au rouleau de la Thora aussi on applique un bouclier, le plus souvent en argent ouvragé. Pour le service religieux le rouleau est retiré de sa châsse avec tout un cérémonial, puis déposé sur la table réservée à cet effet, car c'est un grand honneur que d'être appelé à lire la Thora. Lors du Simchat Thora, la fête de la joie par la Thora, les rouleaux sont portés en procession à travers la synagogue. Car «elle est un arbre de vie pour tous ceux qui croient». Dans le musée attenant à la synagogue on peut trouver de ces rouleaux si joliment ornés, des objets rituels pour les fêtes, une soucoupe pour Pessac, un chandelier pour Chanuk, des lampes de sabbat, des rouleaux manuscrits, des rubans de Thora et bien d'autres objets encore.

*L*a communauté a toujours connu des changements. La décoration initiale indique clairement qu'il s'agissait d'une communauté libérale. La Bima, cet endroit surélevé d'où l'on lit la Thora ne se trouve pas, comme dans les synagogues orthodoxes, au milieu de l'espace, mais contre le frontispice et rappelle presque les dispositions d'une église. Au-dessus de la châsse de la Thora se trouvait autrefois un orgue qui fut vendu à une paroisse des bords de l'Ammersee. Lorsque, la synagogue rénovée, cette dernière voulut lui rendre l'instrument, la communauté juive refusa, car elle était entre-temps devenue orthodoxe: en raison du deuil provoqué par la destruction du Temple l'usage d'instruments de musique n'est pas autorisé dans les murs de la synagogue. Ces dernières années la communauté – au nombre de plus en plus réduit de membres – a connu des transformations: des Juifs émigrés de l'ancienne Union Soviétique se réfugièrent par contingents entiers en Allemagne, dont beaucoup à Augsbourg. L'histoire immédiate les avait aliénés de leur foi. Mais beaucoup se rendent désormais à la synagogue, se réapproprient le mode de vie juif. On y pratique à nouveau la circoncision, on y célèbre les mariages sous le baldachin nuptial. Les coutumes juives revivent. Masel tow, bonne fortune !

*Gertrud Kellermann*

Cimetière juif d'Hainsfarth.

# Têtes pensantes, têtes chercheuses, fortes têtes de Souabe

Les Souabes, ainsi l'affirme la vox populi, seraient dotés au premier chef d'une tête dure, expression dont les sous-entendus au demeurant non démentis suggèrent qu'il s'agit, chez cette race établie sur le territoire délimité d'une part par la chaîne alpine et le Ries, d'autre part par l'Iller et le Lech, d'une forme bien particulière d'entêtement invétéré, si ce n'est d'opiniâtreté caractérisée. A vrai dire, l'histoire nous enseigne, depuis la nuit des temps jusqu'à l'époque actuelle, que le Souabe ne se sert pas que de sa tête (pour les préhominiens on parle de son «cortex», une sorte de callosité crânienne) pas seulement pour la réalisation de ses propres volontés, mais aussi pour le bien et la prospérité du reste de l'humanité. Ce n'est pas par hasard que l'on nomme les Souabes- en usant de ces formes diminutives que l'on affectionne tant dans la région – «Mächeler» (bâtisseurs), «Tüftler» (amateurs de subtilités), et «Bätschler» (bricoleurs): cela revient à reconnaître qu'ils ont des dons de constructeurs, de chercheurs, de calculateurs, de découvreurs, de scientifiques et d'artistes talentueux.

Une deuxième qualité éminente des Souabes serait leur tendance à contrôler étroitement leurs relations extérieures avec l'argent. Ailleurs, on serait peut-être tenté de nommer sans ambages «avarice» cette forme d'économie. A Augsburg et tout à l'entour de la métropole souabe, cette particularité, qui alliée à un sens exacerbé du travail -et des affaires qui lui correspondent- peut mener tout droit à une accumulation considérable de biens matériels, est connue dans le pays sous le vocable de «charité bien ordonnée» ou de «art de ménager ses ressources», qu'il ne faut cependant pas confondre avec les «arts ménagers», que l'on cultive non moins volontiers. Cet «art de ménager» a pour les Souabes un prix dont on peut mesurer l'importance en le comparant à celui de «dé-ménager» qui ne stigmatise rien moins que la propension au gaspillage et à la dissipation.

L'une des premières «têtes souabes» dignes de ce titre est – comment pourrait-il en être autrement? – une femme. **Sainte Afra**, selon la légende une prostituée notoire, aurait au troisième siècle préféré mourir sur le bûcher plutôt que de renier sa foi chrétienne. Un exemple frappant de conviction bien arrêtée, que l'on pourrait aussi interpréter en ce cas particulier comme une manifestation exemplaire de l'obstination souabe.

Triptyque de la basilique de Saint Paul hors les murs: scène de la vie de Saint Paul. Galerie nationale bavaroise d'Augsbourg; dépôt de la collection de l'Etat bavarois (à gauche). Photo: Joachim Blauel, Artothek, Peißenberg

Quelques centaines d'années plus tard, **l'évêque Ulrich** (890–973) incarne la piété des Souabes d'une manière impressionnante. Il représente la personnalité la plus marquante de son temps. Le nom du saint patron de l'évêché actuel est inséparable de la bataille de Lechfeld livrée en 955 contre les Hongrois. Bien plus que par les débordantes vertus militaires dont il fit preuve et qu'il n'avait guère eu jusqu'alors l'occasion de manifester, il se distingua par sa bonté et sa modestie, sa sollicitude pour les humbles, son engagement dans la société et son comportement humain exemplaire, qualités qui lui valurent, de son vivant déjà, la vénération de sa personne.

A Füssen se trouve le tombeau d'un saint que l'on nomme l'«Apôtre de l'Allgäu». **Saint Magnus**, qui vécut de 699 à 772, ne mérite pas le titre de «tête souabe», puisqu'il est natif de Saint Gall. Pourtant c'est à lui que l'on doit la christianisation des habitants du pied des Alpes; ils l'ont bien «colonisé», ne serait-ce que parce qu'il les a «faits catholiques»: c'est ainsi que l'on désigne, dans le pays, la conversion des païens au christianisme. Les habitants de l'Allgäu vénèrent jusqu'aujourd'hui leur **«Saint Mang»** comme un saint protecteur, et considèrent l'endroit où il est supposé avoir laissé l'empreinte de son pied, en franchissant d'un bond hardi les gorges du Lech près de Füssen pour échapper aux païens qui le poursuivaient, comme un «lieu saint».

Un homonyme du missionnaire de l'Allgäu, **Albertus Magnus** (1193–1280), originaire de Lauingen, philosophe, théologien, naturaliste, juriste, peut être désigné comme le plus grand maître à penser de l'Occident, assurément comme la figure de proue des «têtes souabes» de tous les temps. Celui qui enseigna, découvrit puis soutint Thomas d'Aquin, professeur, génie universel et religieux du moyen âge, était en avance de plusieurs siècles sur la pensée de son temps.

Ce qu'il rassembla en cinquante volumes ne constitue pas seulement l'inventaire des connaissances de l'époque, mais annonce le début d'une ère nouvelle. «Son Latin n'est que le mince voile derrière lequel se meuvent l'esprit et l'âme d'un Souabe en bois inaltérable», a écrit de lui, presque 800 ans plus tard un autre grand Souabe, le philosophe et écrivain Joseph Bernhart, né en 1881 à Ursberg, auquel Thomas Mann admiratif confessait une fois se sentir «incapable d'une telle force et sûreté de pensée».

Arrêtons nous un instant encore auprès de «têtes ecclésiastiques». Il ne nous est pas permis d'oublier celui qui, aujourd'hui encore, près de 150 ans après sa mort, a su résumer en une forme si saisissante l'âme pieuse du peuple souabe. Il s'appelait **Christoph von Schmid**, il enseignait, il veillait sur les âmes, il écrivait, et exerçait avec succès ses multiples talents entre Seeg en Allgäu, Nassenbeuren, Thannhausen et Augsburg. Ce que l'on peut appeler une forme d'immortalité, qu'il a gagnée à sa manière très personnelle, il la doit à son cantique «Ihr Kinderlein kommet...» qui sera encore vraisemblablement longtemps chanté, partout où des Chrétiens fêteront Noël.

Un modèle qui est aussi resté présent à tous les esprits, c'est celui de la religieuse de Kaufbeuren **Creszentia Höss**. La vie de cette nonne, avec ses nombreuses privations et humiliations, mais aussi la sublimité de sa foi inébranlable, témoigne de ce que les hommes de son temps et jusqu'à nos jours doivent endurer et peuvent éprouver. Fille d'une famille d'humbles tisserands, venue dans ce monde il y a plus de 300 ans, la fillette dut faire preuve d'une infinie patience lorsqu'elle quitta la maison paternelle pour être admise sans la dot d'usage dans le couvent des Franciscaines où elle dut, des années durant, souffrir les chicanes d'un supérieure hostile, être insultée comme sorcière, avant d'être reconnue comme Consolatrice des Pauvres et des Malades, ce qui lui ouvrit la voie de la béatification, et enfin de la canonisation, au tout début de ce siècle.

C'est une orientation bien différente, somme toute beaucoup plus tragique qu'a prise le destin d'une autre femme, au XVème siècle: **Agnes Bernauer** était fille d'un barbier d'Augsburg, d'une beauté au-dessus de la moyenne, et pourtant gracieuse. Sa «jolie petite tête de jeune fille souabe» avait si bien tourné la tête princière du Duc héritier Albert III, fils de Ernest de Bavière, que son propriétaire, faisant fi de l'interdiction paternelle, l'épousa secrètement, ce qui fut le début de leurs malheurs. Le Duc de Bavière ourdit une noire intrigue pour perdre cette belle-fille indésirable, et fit tant et si bien qu'elle fut noyée dans le Danube comme sorcière à Straubing. C'est ainsi que l'un des plus émouvants drames d'amour du moyen âge prend son origine en Souabe et constitue une source providentielle d'inspiration pour la scène théâtrale et musicale.

La gent féminine souabe ne manque d'ailleurs ni de charme ni de séduction, c'est ce que les faits ont prou-

Partition pour violon composée par Leopold Mozart

vé au cours de l'histoire. Wolfgang Amadeus Mozart, génie musical issu de cette même Souabe, puisque fils du maître de chapelle **Léopold Mozart**, qui était né à Augsburg, a entretenu, comme l'on sait, une correspondance mouvementée et avec cela très intéressante, avec sa «petite cousine» d'Augsburg.

D'ailleurs, pour de nombreux amateurs de concerts de tous les continents, la «voix mozartienne» par excellence de toute l'histoire de la musique est venue de Souabe. **Irmgard Seefried**, fille d'un instituteur de Köngetried près de Mindelheim, formée au conservatoire d'Augsburg et mariée au violoniste Wolfgang Schneiderhan, débuta sous la baguette de Herbert von Karajan à Aix la Chapelle et fit partie jusqu'à sa mort en 1988 de l'Opéra National de Vienne. Parmi les amis du prestigieux chef, en revanche, Gerd Höllerich de Strassberg près de Bobingen, connu sous le pseudonyme de **Roy Black**, était une idole à laquelle ils vouaient encore un culte plus de dix ans après sa mort tragique.

La notion de haute capacité commerçante et financière est incarnée par le fils de tisserand souabe **Jakob**

**Fugger**, qui passait au XVème siècle pour l'homme le plus riche du monde, et put ajouter à son nom le titre ronflant de «Le Riche». Il finança les têtes couronnées de son temps, au premier rang desquelles l'empereur Maximilien, fit et défit grâce à sa fortune et à son influence la politique mondiale, en empêchant le roi de France François Ier d'accéder au trône impérial à la place de Charles Quint. Nous devons à sa générosité pour le grand art et pour les petites gens d'importants édifices et des tableaux, ainsi que la cité de charité nommée en souvenir de lui la «Fuggerei» à Augsburg, modèle médiéval des «phalanstères» qui ne seront à la mode que quelques siècles plus tard.

C'est sous le mécénat de Jakob Fugger que ses contemporains et compatriotes souabes, les peintres **Hans Burgkmair** ainsi que Hans Holbein père et fils accédèrent à une notoriété artistique mondiale. C'est ainsi que Burgkmair put participer, aux côtés d'Albrecht Dürer, de Lukas Cranach, d'Albrecht Altdorfer et autres grands peintres de l'époque, à l'illustration du livre d'heures de l'empereur Maximilien. **Hans Holbein l'Ancien** porta à son apogée au XVème siècle la peinture religieuse du gothique flamboyant. **Hans Holbein le Jeune**, son fils, développa jusqu'à la perfection l'art du portrait déjà pratiqué par son père. Il n'était pas seulement le peintre le plus important de la Renaissance, il fut aussi le mieux payé de son époque.

**E**lias Holl, le génial architecte à qui l'on doit l'hôtel de ville d'Augsburg et d'autres prestigieux édifices de sa ville natale, mourut en 1646 dans une amère misère. Certains esprits mesquins du Conseil de la ville avaient argué des «convictions erronées» du maître architecte (il était luthérien) pour justifier son licenciement.

**C**e qu'une tête souabe à l'intelligence fulgurante peut renfermer en fait d'idées et de connaissances, celle du Père jésuite **Christoph Scheiner**, originaire de Markt Wald en Moyenne Souabe l'a bien montré: aux côtés de Kepler et de Galilée, il figure parmi les plus grands scientifiques du XVIIème siècle. Il a inventé le pantographe, un appareil à dessin nommé le «bec de cigogne», et construit le premier le cercle de l'ellipse. Simultanément avec Galilée et d'autres astronomes, il

découvrit les taches solaires, ce qui entraîna à l'époque une violente querelle de préséance. Scheiner publia sous un pseudonyme – ce qui est typique de la modestie et de la réserve souabes- ses observations et ses descriptions astronomiques qui furent reconnues ultérieurement comme fondamentales.

**C**ontrairement à une opinion répandue, dont on trouve l'écho dans la Légende des Sept Souabes qui n'étaient pas précisément la témérité incarnée puisqu'ils sont censés avoir pris la fuite devant un inoffensif petit lièvre, l'histoire locale n'est pas démunie de têtes vaillantes, courageuses et braves. Celle de **Georg von Frundsberg**, de Mindelheim (1473–1528) en faisait partie. Il commandait l'armée des mercenaires, et effectua son service militaire auprès des empereurs Maximilien et Charles V en tant que «Père des Lansquenets».

**U**n demi millénaire plus tard, l'officier **Claus Schenk, comte von Stauffenberg** né à Günzburg, faisait preuve d'une autre forme de courage viril pour ses concitoyens souabes qui mettaient en jeu, voire qui sacrifiaient leur vie dans la résistance au nazisme; Hitler le fit exécuter après l'attentat de 1944 à Berlin. Le Père **Max Josef Metzger** mourut lui aussi sous le couperet de la guillotine, pour avoir voulu agir loyalement sous un régime injuste.

Elias Holl fut l'architecte de la ville d'Augsbourg de 1602 à 1631. La Place Ludwig où se dressent l'Hôtel de ville, la Tour Perlach et la Fontaine d'Auguste avec vue vers le nord sur la Karolinenstrasse. Taille-douce d'Heinrich Jonas Ostertag – 1711 (à gauche).
Portrait de Rudolf Diesel; premier moteur Diesel en fonctionnement. Photo: Historisches Archiv MAN AG, Augsburg (page de droite)

L'habitude de méditer profondément, sinon la tendance à couper les cheveux en quatre ont toujours été les moteurs de l'esprit de recherche et de découverte des Souabes. Ce n'est pas par hasard que le moteur Diesel a été inventé à Augsburg, même si **Rudolf Diesel**, authentique rejeton de parents souabes, est né à Paris où son père, petit industriel, essayait modestement de nourrir sa famille. Son invention est désormais inséparable de son nom, alors qu'on ne peut pas en dire autant de **Sebastian Wilhelm Valentin Bauer** (1822–1875) de Dillingen. Le constructeur du premier sous-marin submersible du monde est tombé dans l'oubli – jusque sur les prospectus commémoratifs du musée de sa ville natale.

**U**ne autre invention souabe d'un tout autre ordre, la cure aquatique de **Sebastian Kneipp** (1822–1875), est liée pour toujours à son nom. Un «remède de cheval» efficace, le bain glacé que les séminaristes de Stefansried près d'Ottobeuren prenaient dans le Danube à Dillingen fut l'origine empirique d'une des plus populaires thérapies naturelles de tous les temps, propulsant le village de Wörishofen au rang de station thermale de réputation mondiale, et lui permettant un développement incomparable jusqu'aujourd'hui. De son vivant, le «Docteur de l'eau», comptait parmi ses patients des papes, des altesses couronnées et des millionnaires. Face aux attentes exorbitantes de ses clients, qui prétendaient gagner la «vie éternelle» avec des ablutions et des bains froids, le truculent Père leur soufflait en souabe le célèbre adage: «Ils veulent tous devenir vieux, mais personne ne veut mourir!»

**L**orsqu'un Souabe se fait remarquer par sa soif d'entreprendre, ses concitoyens parlent d' «esprit d'entreprise». On peut affirmer à coup sûr que **Hermann Köhl**, natif de Neu-Ulm en relevait, lui qui un an après la traversée de l'Atlantique de New York à Paris par Charles Lindberg, traversa l'atlantique d'Est en Ouest, aidé par ses copilotes le Baron de Hünefeld et le Major irlandais Fitzmaurice, écrivant ainsi une nouvelle page de l'histoire de l'aviation. Un autre Souabe, encore plus intrépide et entreprenant, **Anderl Heckmair**, né à Munich mais habitant d'Oberstdorf, réalisa la première ascension de la face Nord de l'Eiger en 1938, exploit immortalisé dans les annales de l'alpinisme. Si l'Allgäu mérite le titre de «paradis allemand du fromage», on le doit à un habitant de l'Allgäu occidental, nommé **Carl Hirnbein**: l'éclosion de l'industrie laitière au milieu du XIXème siècle est due à son initiative, stimulée par un solide sens des affaires.

Carnet de Bertolt Brecht, «Souvenir de Marie A.».
Photo: Bertolt-Brecht-Archiv, Berlin. Bertolt Brecht chez le
photographe augsbourgeois Konrad Reßler.
Photos: Fotomuseum im Münchener Stadtmuseum.

Les Augsbourgeois eurent du fil à retordre 300 ans plus tard, et pendant plusieurs décennies, avec l'un des plus grands d'entre eux. Et lui, on peut le dire, avec sa ville natale. **Bertolt Brecht**, le célèbre dramaturge, poète et metteur en scène qui, dans la langue qu'il écrivait et jusqu'en anglais n'a jamais pu ni voulu désavouer son patois souabe des rives du Lech, après avoir été, consécutivement à sa fuite devant les Nazis et sa fréquentation du communisme, pendant des années le pourchassé et le perdu, est devenu, mais longtemps après sa mort, l'enfant retrouvé et adoré, avec lequel Augsburg a fait la paix. Brecht n'est pas, à vrai dire, le seul Souabe à avoir attiré l'attention sur lui par ses écrits.

**P**armi les têtes intelligentes d'auteurs qu'on n'a pas le droit de passer sous silence, il faut citer **Hans Magnus Enzensberger** de Kaufbeuren, très apprécié en tant qu'essayiste et poète lyrique et lauréat de nombreux prix, entre autres du prix Georg Büchner décerné par l'Académie de la langue et de la poésie allemandes, **Martin Walser**, des bords du lac de Constance, **Ludwig Ganghofer**, **Peter Dörfler** et **Arthur Maximilian Miller**,

de Mindelheim. Comme eux, les compositeurs **Werner Egk** d'Auchsesheim près de Donauwörth, et **Eugen Jochum** de Babenhausen étaient aussi des Souabes bon teint.

Capables, avisés, efficaces comme ils le sont, les Souabes ne devraient-ils pas compter un Prix Nobel dans leurs rangs? C'est chose faite. Un fils de paysan de Zusamaltheim, **Johann Deisenhofer**, professeur au Howard Hughes Medical Institute du Texas a été couronné du Prix Nobel de biochimie conjointement avec Robert Huber et Hartmut Michel en 1988. Ces chercheurs ont réussi les premiers à obtenir une vue directe du tissu d'une «cellule biologique de photon». Grâce à cela, on a pu préciser la structure moléculaire du centre de réaction de la photosynthèse dans les bactéries de purpura au moyen d'une analyse aux rayons X.

Et une autre tête encore a sa place dans cette galerie de portraits: **Erwin Neher**, élève des frères maristes

de Mindelheim s'est vu octroyer en 1991 le Prix Nobel de médecine et de physiologie avec le chercheur en médecine et biophysique Bert Sakmann.

N'oublions pas de mentionner que les têtes souabes se distinguent également dans le domaine du sport international. Sait-on que le golfeur professionnel, très aimé et estimé outre-Atlantique, **Bernhard Langer** est originaire du village de Anhausen près d'Augsburg, que la **«blonde Heidi» Schmid**, médaille d'or de fleuret aux Jeux Olympiques de Rome ainsi que la championne du monde de canoë en 1992 **Elisabeth Micheler-Jones** sont des Augsbourgeoises? Sans parler de **Helmut Haller**, le footballeur, dont les «fans» du monde entier vénèrent la «jambe en or» avec laquelle, quoique étant une typique «tête souabe», il a marqué tant de buts?

On ne saurait clore la liste des «têtes souabes» qui ont porté haut et fort le renom de leur patrie sans mentionner les **«têtes de bois» des marionnettes d'Augsburg** qui, grâce à la popularité que leur confère la télévision, tout au moins pour ce siècle, sont devenues synonymes de qualité des têtes souabes.

*Winfried Striebel*

# LA CRÉATION
# CULTURELLE

Des pucerons au Groenland? Des compétitions de ski au Kinshasa? Et de la culture en Souabe? En effet on chercherait en vain des événements culturels de renommée internationale dans cet aimable paysage. Des collines verdoyantes on en trouve à perte de vue, mais on n'y trouve pas Bayreuth. Ni une exposition annuelle comme Documenta, ni le glamour du festival de Cannes, ni le Metropolitan Opera. Les super-musées de rang mondial ne se trouvent si sur la Günz ni sur la Kammel, mais, prolongement de collections royales, dans des métropoles comme Paris, Londres ou Madrid ou aujourd'hui à Bilbao. Et même les excentricités de la culture vraie se manifestent ailleurs. On se rend en pèlerinage pour le Jazz à Burghausen, pour la musique contemporaine à Donaueschingen. Mais de la culture en Souabe, ça reste à voir.

Certes, il y a la Route romantique souabe, et la Route baroque souabe qui vous mène d'une église splendide à une autre. Des cloîtres majestueux rayonnent dans l'ensemble du pays et les vertes collines de la Souabe se parent de châteaux et de châteaux-forts. Dans le cœur des anciennes villes libres impériales on trouve des coins charmants à chaque pas, et aussi – comme à Augsbourg – des monuments significatifs de l'architecture industrielle. Et bien des vestiges romains, de Kempten jusque dans le Ries. Et du grand crucifix d'Altenstadt au portail de bronze de la cathédrale d'Augsbourg, en passant par les personnages représentés sur l'autel de St Georges de Nördlingen, de la Résidence de Neuburg jusqu'au sublime ensemble d'Ottobeuren cette région respire la culture, témoigne des riches capacités créatrices – de son passé. Certes il est révolu le temps où Augsbourg comptait plus d'orfèvres en ses murs que de boulangers, sans parler des dizaines d'éditeurs et de graveurs sur cuivre, ce temps où Johann Georg Bergmüller présidait une académie des beaux arts de la ville impériale et où on parlait alors du «goût augsbourgeois», c'est-à-dire de véritables impulsions stylistiques données au rococo. Bien plus tard il y eut Bertolt Brecht qui devint un poète et dramaturge de renommée mondiale – mais ailleurs. Qu'est-ce donc que la culture souabe? Si l'on considère le problème à l'aune internationale, c'est raté. Mais si l'on se contente de dimensions réduites on découvrira facilement le charme ai-

Bertolt Brecht, devenu un classique, sur la scène du théâtre d'Augsbourg (en 2003) lors de la représentation de l'Opéra de quat' sous.

mable d'une création culturelle diversc. A peine commence-t-on à chercher que déjà on risque d'en négliger certaines domaines.

Le théâtre en Souabe: Il n'est pas nécessaire de chercher le théâtre souabe dans quelque recoin obscur. En fait il fleurit de Lindau à Donauwörth en passant par le théâtre historique de Weißenhorn. Le Théâtre de la Souabe, sis à Memmingen, – et dont la tradition est évidente, car sitôt après la Première guerre mondiale il offrait sa scène aux théâtres nationaux bavarois – présente des tournées dans plus de 40 villes et communes. Sur sept productions annuelles peut se trouver une création mondiale comme l'opéra «Clytemnestre ou la Fuite des Atrides» monté par Heavy-Metal et qui n'a pas manqué d'attirer l'attention à l'étranger aussi. La plupart du temps il s'agit de spectacles sages bien que variés. Ainsi en 2003 peut-on assister au théâtre municipal de Kempten à des spectacles du répertoire classique, comme à des pièces de Calderón et de Molière, ou de Hauptmann, ou de Sartre, ou de Dürrenmatt, à moins que l'on préfère les non-sens de Karl Valentin. Et dans maints endroits les salles municipales bâties dans ce but – mais bien après les piscines couvertes – ne sont pas que les lieux de passage occasionnels des productions en tournée les plus diverses. Cela vaut la peine, ne serait-ce que pour l'ambiance, de visiter par exemple le théâtre de la Maison des curistes de Göggingen, dont l'édifice merveilleux (construit par Jean Keller en 1885) a été tiré de son sommeil en 1996 grâce à des fonds publics accordés par la ville d'Augsbourg et la collectivité territoriale du Bezirk Schwaben et put ainsi revenir à la vie grâce à l'opérette et aux pièces de boulevard pour devenir la scène d'une délicieuse nostalgie.

Le théâtre en Souabe n'existe pas seulement grâce aux troupes municipales de Memmingen et d'Augsbourg, mais grâce aussi à d'innombrables associations théâtrales et de troupes amateurs – aussi lieu d'entraînement des futurs professionnels au niveau non-négligeable comme par exemple le Théâtre des romanistes de l'université d'Augsbourg qui depuis un certain temps a acquis la notoriété. A Waal l'Association des jeux de la Passion est un spécimen à part: créé en 1960 cet événement théâtral qui dispose de son propre théâtre (800 places) exauce le vœu de ses créateurs (ce qui nous fait remonter à l'année de la peste, en 1626), à savoir présenter à intervalles irréguliers l'histoire de la Passion sous forme de drame spirituel dans lequel les personnages évoluent en costumes folkloriques.

Le théâtre municipal d'Augsbourg: Résultant d'une longue tradition, le centre de la vie théâtrale souabe se trouve sans aucun doute à Augsbourg. Dès 1665 la ville a son théâtre en la «grange des maîtres chanteurs». Dans ses murs rénovés en 1777 résonnent des airs d'opéra nouveaux avec Mozart (Don Giovanni dès l'année de sa création en 1787), Wagner et Verdi (1853–1858), et le nouvel édifice datant de 1877 connaît des créations d'œuvres étrangères comme «Les fantômes» d'Ibsen. En 1919 le théâtre devint une entreprise communale. Après sa reconstruction nécessitée par les bombardements il rouvre en 1956 avec «le mariage de Figaro» – comment en aurait-il été autrement dans la ville de Mozart? La ville d'Augsbourg continue, malgré les grincements de dents du responsable du budget et grâce au mécénat des entreprises et de l'Association des amis du théâtre municipal, de se payer le luxe d'avoir un théâtre abritant l'opéra et l'opérette d'une part et les représentations théâtrales et le ballet d'autre part.

Certes le théâtre municipal a longtemps été considéré d'abord comme un tremplin pour les jeunes talents qui partaient faire carrière ailleurs. Ainsi a-t-on pu parler dans les années 50 du «miracle augsbourgeois des talents», puisque c'est d'ici que sont partis les Wolfgang Sawallisch, Heinz Wallberg, Istvan Kertész et Bruno Weil, ainsi que Eugen Jochum, natif de Babenhausen. A l'instar de célébrités du

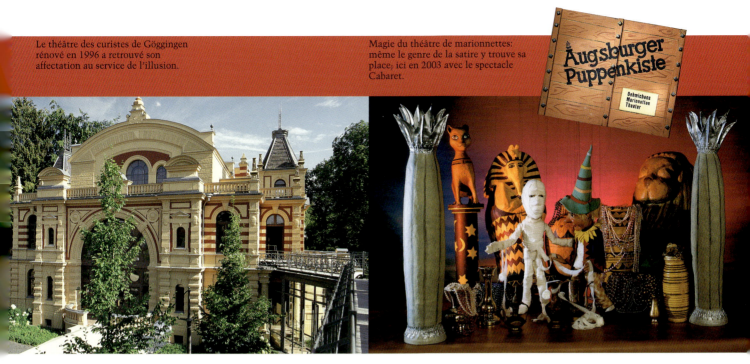

monde télévisé comme Harald Schmidt, firent leurs débuts sur la scène augsbourgeoise des vedettes telles que Hans Korte ou les ténors Chris Meritt, Douglas Nasrawi ou Ulrich Ress. Une période de turbulence créatrice et qui connaît des trous budgétaires incite à se demander sérieusement comment poursuivre, d'autant plus qu'il est question d'ajouter un bâtiment à l'ancien. Mais entre-temps la presse constate avec étonnement «la renaissance du théâtre d'Augsbourg». Le nombre des spectateurs de la saison 2000/2001 indique un accroissement record dépassant celui des autres théâtres allemands; des acteurs de théâtres connus sont attirés par les planches augsbourgeoises. Pour l'intendant Ulrich Peters et son collègue Holger Schultze le travail théâtral se fait selon le slogan «une ville telle qu'Augsbourg a besoin d'impulsions nouvelles». Donc plutôt qu'un programme traditionnel en propose des créations, des mises en scène innovatrices, de nouveaux acteurs, de meilleures prestations (par exemple la possibilité d'assister à certaines répétitions) et des expériences inédites. A côté du programme classique que propose le Grand théâtre (936 places), le théâtre expérimental fleurit sur la scène de la Comédie. De jeunes auteurs et metteurs en scène utilisent ce forum dont la fraîcheur innovatrice est perçue même jusqu'à Munich, la métropole du théâtre. En avril 2003 cet ensemble constitué de 21 personnes prendra des risques en faisant jouer des acteurs venus de l'extérieur, comme par exemple pour la pièce de Botho Strauß «Le fou et sa femme ce soir à Pancomedia», laquelle met en scène une centaine de personnages; il s'agit là d'un événement théâtral dont seuls les grands théâtres sont capables.

Pour ce qui est de l'Orchestre symphonique il propose chaque année dix concerts symphoniques et deux concerts pour les Jeunesses musicales tandis que l'Ensemble de ballet présente deux soirées de production propre; en outre la tradition des Tréteaux en plein air (Freilichtbühne am Roten Tor) se maintient avec un fort succès depuis 1929,

les spectateurs continuent de s'y presser en masse, une cou-verture et un parapluie sous le bras, un regard inquiet constamment braqué vers le ciel capricieux de l'été. Même August Everding n'a pu refuser d'y faire une mise en scène.

Le rayonnement du théâtre d'Augsbourg se ressent à l'intérieur de la ville auprès de diverses institutions culturelles, telles qu'une vingtaine d'écoles de ballet, le Théâtre pour l'enfance et la jeunesse, les Maisons de la culture «Le Moulin» (die Mühle) ou «Abraxas» où en 1995 un théâtre de poche a été créé sur le site d'anciennes casernes, justement dans un quartier qui s'était jusqu'alors peu frotté à la culture et qui désormais peut aussi découvrir le travail musical de la jeune génération. Le théâtre municipal est devenu un indispensable pilier de la politique culturelle de la métropole de la Souabe de Bavière et pas seulement de par sa mission initiale, mais aussi à cause de l'effet de synergie culturelle qui se propage sur l'ensemble de la région, bien sûr aussi en coopération avec les lieux de création que sont l'université, l'IUT d'arts graphiques appliqués et le Conservatoire de musique. Ainsi la ville est-elle prête à toutes les acrobaties possibles pour garder l'ensemble de ses scènes. Car enfin l'afflux de spectateurs montre bien que les Augsbourgeois aiment leur théâtre (y compris ceux qui ont aussi un abonnement pour les grands théâtres munichois).

Un théâtre de marionnettes apprécié: Et bien sûr ils aiment d'une manière presque viscérale leur «Augsburger Puppenkiste», un véritable projet culturel dont la popularité est acquise dans toute l'Allemagne. L'histoire du succès de ce théâtre de marionnettes créé après la guerre par Walter Oehmichen est désormais poursuivie par la famille Marschall avec un succès qui ne se dément pas. Qui n'a vu à l'écran «Urmel sur la glace», «Jim Knopf» ou «Lukas, le conducteur de locomotives»? La carrière télévisuelle de ce théâtre de marionnettes a commencé le 21 janvier 1953 avec l'émission en direct «Pierre et le Loup», la première de

quelques 785 productions télévisées. Dans les locaux fraîchement rénovés – qui abritent aussi un musée de marionnettes – de l'Hôpital du Saint Esprit, les nostalgiques de marionnettes pourront se régaler d'un programme qui a fait ses preuves: des fables et des contes pour enfants, de l'opéra, du théâtre et des one-man show pour les adultes, le tout avec des marionnettes.

La célébrité de ce théâtre de marionnettes a tout naturellement amené les organisateurs du festival international de théâtre de marionnettes à proposer Augsbourg comme lieu de compétition. La qualité des spectacles, le sens de l'innovation et de l'humour, des mises en scènes surprenantes et des marionnettes très caractérisées ont contribué à sa réputation. Ce festival établi à Augsbourg depuis 16 ans semble avoir trouvé définitivement sa place dans cette ville, car il ne cesse d'enthousiasmer les spectateurs. Il faut aussi mentionner dans ce cadre le théâtre de marionnettes géantes «Moussong» qui s'est installé au centre culturel d'Abraxas. A Lindau aussi, grâce à un théâtre de marionnettes permanent, les amateurs peuvent satisfaire leur goût pour «l'opéra de marionnettes».

**La Souabe en musique:** Point n'est besoin de se référer ici à Mozart, originaire de la région. Les Souabes sont musiciens. Il suffit de prêter l'oreille pour entendre de la musique partout. En effet 663 associations se sont réunies en une Union des musiciens de l'Allgäu et de la Souabe: Karl Kling, président depuis de longues années de l'association des fanfares, la plus ancienne d'Allemagne, est reconnu pour son engagement infatigable en faveur de cette initiative musicale. Il n'est pas une commune qui n'ait son harmonie, comme à Nördlingen par exemple, tout comme les églises ont leur chorale. Bien évidemment, dans ce domaine, la Maîtrise de la cathédrale d'Augsbourg est la plus fameuse. Et en effet, les églises contribuent de façon non-négligeable au maintien de la tradition musicale. Ainsi des

concerts d'orgue, qu'il s'agisse de L'Eté de l'orgue de Füssen – où les œuvres sont exécutées sur des orgues anciennes – de la musique sacrée dans l'Allgäu, des Concerts d'orgue du samedi après-midi (à 16 heures) dans l'abbaye d'Ottobeuren (de février à novembre), de L'Eté de Roggenburg ou des nombreux concerts d'orgue proposés toute l'année dans les églises de la vieille ville d'Augsbourg. Sans parler de tous les Chœurs, de la Chorale de l'orchestre philharmonique au chœur des diplômés de l'université, en passant par la Société des chorales de Souabe ou par l'Ensemble chorfeo (qui ne compte que 16 personnes), lauréat du concours des chorales allemandes (dans le domaine du jazz vocal) grâce sans doute aussi à son chef, Wayne Wegener, lui-même doué d'un organe hors du commun. On est comme ça en Souabe, on n'arrête pas de chanter ou de faire de la musique. Et celui qui a l'oreille fine n'a qu'à, au cours de la flânerie d'un soir d'été, se fier aux sons qui le feront débarquer tout droit dans une répétition de chorale.

Les jeunes talents musicaux sont particulièrement soutenus. Ainsi, pour ne citer qu'un exemple, la ville d'Immenstadt se paie-t-elle le luxe d'entretenir une école de musique qui compte 18 enseignants et 664 élèves. Au niveau du Bezirk Schwaben on trouve la formation de «L'orchestre symphonique de la jeunesse souabe», dans l'Académie de musique de Bavière de Marktoberdorf «La jeunesse fait du jazz», et cette bourgade a même son propre orchestre de jazz formé de jeunes musiciens. Krumbach abrite en ses murs l'École professionnelle de musique. A considérer cette obsession des Souabes pour la musique il est réjouissant que le Conservatoire de musique d'Augsbourg Leopold Mozart ait désormais acquis le rang d'une école supérieure de musique après avoir fusionné avec celui de Nuremberg. Si bien que le niveau de formation y est le même. Sans oublier le Concours de musique Leopold Mozart dont la renommée mondiale n'est plus à faire et qui ainsi accueille des musiciens du meilleur niveau.

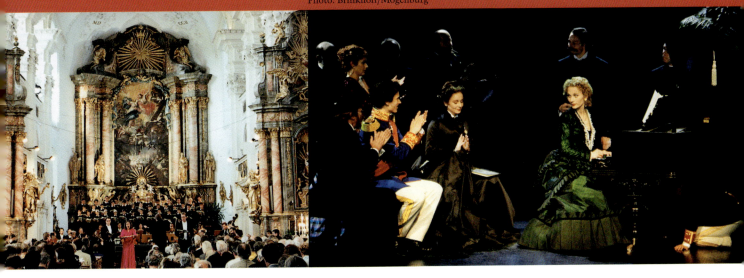

Ainsi rien d'étonnant que dans toute la région les concerts se suivent sans discontinuer au cours de l'année, sans parler de la concurrence des semaines musicales ni des festivals. Les amateurs de musiques affluent. Que ce soit pour la musique classique au théâtre ou à l'Hôpital protestant de Lindau ou pour des soirées consacrées au Lied dans la Salle baroque de Vöhlinschoss d'Illertissen, ou pour les concerts de la Résidence d'Oettingen (dont certains sont gratuits pour les jeunes de moins de 16 ans), ou pour le Printemps des Arts de Wörishofen (Justus Franz) ou les Journées musicales Kneipp (Martin Haselböck), ou les concerts donnés dans la Salle des Princes de Füssen, où résonne non seulement de la musique classique mais aussi de la musique moderne et du jazz. La plupart de ces concerts se rattachent à une tradition de plus de 50 ans et la musique qu'ils présentent peut remonter jusqu'aux tout débuts de l'histoire de la musique euopéenne – ce que peut favoriser le cadre d'une salle baroque ou d'une église rococo. Ainsi de l'édifice baroque du Château de Leitheim (où se donnent depuis 1959 quelque 20 concerts chaque année), de La Petite salle dorée d'Augsbourg ou de la majestueuse église du cloître d'Ottobeuren. Et lorsque les célèbres orgues de Riepp y font résonner quelques-uns des 66 tuyaux on a déjà une petite idée de la musique céleste.

Parmi les sommets de la vie musicale souabe comptent les Concerts d'Ottobeuren dirigés par Wolfgang Sawallisch (comme pour les grandes symphonies de Beethoven et de Bruckner), Les cérémonies estivales de la Wieskirche – auxquelles sont rattachés les concerts donnés dans la Cathédrale guelfe de Steingaden et dans l'église St Michael d'Altenstadt, ou les oratorios – de Bach à Mendelssohn – exécutés sous la baguette de Franz Brannekemper dirigeant l'Orchestre national bavarois; ainsi que le festival de musique Son et espace qui a lieu dans le cloître d'Irsee sous la direction artistique de Bruno Weil à la tête de l'orchestre canadien de Musique de table, ou encore la Maîtrise

de Tölz qui exécute son art lors du premier week-end de septembre. Il faut aussi distinguer l'Eté mozartien d'Augsbourg.

Par bonheur la vie musicale ne se concentre pas seulement dans la métropole régionale de la Souabe. Ainsi Neuburg (qui rayonne sur la Souabe du Nord) ne propose-t-elle pas seulement des concerts baroques dans divers lieux historiques, au charme particulier, en costumes historiques et à la lumière des chandelles, mais accueille aussi chaque année à Pâques L'Académie internationale de musique ancienne et d'arts plastiques de Neuburg en collaboration avec l'université de Ratisbonne; dans la même ville se tient aussi L'Académie d'été où l'on a l'occasion d'apprendre l'improvisation au piano sous la direction d'Herbert Wiedemann, professeur titulaire à l'Ecole des beaux-arts de Berlin et originaire de Lindenberg, dans l'Allgäu. L'Académie d'été d'Irsee avec son programme «vivre l'art» entretient une coopération étroite avec diverses universités et leurs enseignants, et en tout premier lieu avec l'université d'Augsbourg. Cette manifestation est couronnée par une nuit de clôture la «Kunstnacht Irsee», à ne pas manquer, car s'y pressent des milliers d'amateurs d'art pour cette étourdissante nuit festive des artistes.

Mais la Souabe musicienne ne se contente pas de musique classique. Ceux qui apprécient le musical se rendent à Füssen à la Maison du Musical du roi Louis II de Bavière, qui, depuis avril 2000, chante «la nostalgie du paradis» lors de quelque 400 représentations annuelles mises en scène sur un terrain particulièrement aménagé à cet effet sur le lac du Forggensee. Le producteur Stephan Barbarino est convaincu que ce musical comptera bientôt parmi les valeurs artistiques économiquement sûres.

A Füssen, dans l'enceinte du théâtre en plein air de la Burghalde et dans les salles de concert d'Augsbourg ont lieu

des soirées internationales rock et pop. Le club de jazz de Lindau tout comme – pour les initiés – le bistrot «Traumraum» (lieu de rêve) qu'a ouvert à Augsbourg, dans la vieille ville, Wolfgang Lackerschmidt se relaient pour présenter les grands noms du jazz. Le bassiste Christian Stock a réussi à organiser un véritable festival de jazz qui a lieu l'été lors du Augsburger Jazzsommer. Et bien sûr, pour les accros, Neuburg fait incontestablement partie de la tournée, tout comme le Printemps du jazz de Kempten, l'un des plus importants festivals de ce genre en Allemagne.

Bien évidemment quand on fait du jazz on n'est pas seulement interprète mais aussi compositeur. Wolfgang Lackerschmidt est en mesure de composer sur commande une musique pour le théâtre d'Augsbourg. Quoi d'étonnant chez ces souabes musiciens dans l'âme, qu'à la suite de Werner Egk (1901–1983) se compose ici de la musique contemporaine aussi. Ainsi fut présentée le soir de la Saint Sylvestre 1999 une création de Joseph Hauber dans la basilique de St Ulrich et Afra, «Les vespres de St Ulrich». Mais la Souabe ne pousse pas jusqu'à la musique d'avant-garde. Si bien que c'est dans le cercle intime de la petite galerie d'art «Kulturesk» que Gerhard Haugg a présenté sa création «Ufopera».

Tandis que sa «Symphonie du portable» fut créée à Düsseldorf lors du Troisième festival européen de musique de chambre et de musique de théâtre, tout comme son «opéra internet» le fut grâce à l'Orchestre de la Rhénanie-Westphalie. De cette façon la Souabe se fait entendre par-delà ses frontières.

Lire et écrire: la littérature en Souabe est plutôt le fait de l'enseignement et de la présentation que de la production, celle-ci ne pouvant guère être évoquée depuis Bertolt Brecht. Certes des bords du Lac de Constance nous vient de la vraie littérature, d'Annette von Droste à Martin Walser.

Mais sinon on aura du mal à citer des noms qui se soient illustrés au XXe siècle: Alexander Bernus (1880–1965) originaire d'Aeschach près de Lindau ou l'Augsbourgeois Oskar Schürer (1892–1949), dont l'œuvre lyrique s'est tarie après 1919. Ou alors il faut évoquer le fanatique admirateur d'Hitler et lauréat du Prix national de littérature en 1933 en la personne de Richard Euringer, triste souvenir.

De la littérature en Souabe? Certes, vue de la lorgnette internationale. Hans Magnus Enzensberger pourrait y prendre une place considérable, de par ses ambitions intellectuelles et littéraires, mais ce «poète souabe», malgré ses origines certaines à Kaufbeuren (il y est né en 1929) ne veut pas en entendre parler. Ce lauréat du Prix Büchner (1963) est connu pour son engagement politique et la légèreté d'une langue qu'il manie souverainement et qui l'ont rangé de bonne heure parmi les écrivains qu'on compare avec Heine, en raison aussi du type de production littéraire, à savoir la poé-sie, l'essai et le commentaire. Comme il se sent citoyen du monde et non de l'Allgäu, sa patrie s'ancre dans l'histoire de la culture européenne et mondiale.

Winfried G. Sebald (né en 1944 à Wertach), lui non plus n'est pas resté en Souabe. Enseignant à Norwich depuis 1970 et remarqué entre autres par des essais sur la littérature autrichienne, il déploie dans ses récits et romans («Austerlitz», «Les anneaux de Saturne») une prose capricieuse, enchanteresse. Ses phrases s'égrenant en fugues rythmées font de la description une affaire de penchant et de discrétion. Sebald a été entre autres distingué par les Prix Mörike, Heinrich-Böll et Heinrich-Heine. Ce grand écrivain fut arraché à la vie en 2001 lors d'un accident de voiture.

De la littérature en Souabe? Il existe bien des auteurs originaires de Souabe, tel Rainer Werner Fassbinder (1945–1982), natif de Bad Wörishofen. Dans l'ombre du rôle

prédominant qu'il a joué dans le Nouveau cinéma allemand se trouve son œuvre dramatique. Sa pièce la plus connue «La liberté de Brême» (1972) a tout de même connu plus de 70 mises en scène.

En Souabe vivent aussi des écrivains comme Franz Dobler, Gerhard Köpf, Erich Pfefferlen, Susanne Seitz ou Eva Leipprand, l'actuelle chargée des Affaires culturelles d'Augsbourg. Et pour qui voudrait écrire l'histoire de la littérature souabe, il faudrait mentionner des littérateurs comme Heinz Piontek, lauréat en 1976 du Prix Büchner; ou Erhard Kästner, tous deux établis en Souabe; et puis tous ceux qui viennent y faire une conférence ou dont on se souvient du passage. Car les «héros locaux» de la scène littéraire sont du registre de prix littéraires souabes, de l'atelier de littérature de l'université d'Augsbourg, de revues littéraires engagées, telles «Zeitriss» (la déchirure) ou «artur» avec lesquels on se console – localement.

Naturellement, la littérature, ça pousse aussi en Souabe. Il existe une remarquable production de recherche sur la littérature basée sur des données d'histoire et d'histoire de l'art et qui ne se penche pas seulement sur la création régionale, par exemple les brillants essais d'Helmut Koopmann sur la littérature des XVIIIième, XIXième et XXième siècles, exemplaires et pleins d'esprit. Et à part les prix littéraires locaux il existe depuis peu le Prix de littérature de la Souabe de Bavière, décerné par la fondation Arthur Maximilian Miller avec le parrainage du Bezirk Schwaben.

Mais il reste en Souabe l'édition «l'Autre Bibliothèque», une remarquable activité littéraire lancée par la librairie et maison d'édition Greno de Nördlingen; il s'agit là de tenter le lecteur pour la littérature; en effet en non moins de 218 volumes à la présentation recherchée un véritable trésor de joyaux littéraires ont été sauvés de l'oubli par Hans Magnus Enzensberger qui ainsi a pu diffuser des textes sou-

vent encore inconnus du public. L'accueil fait aux séances de lecture et aux Journées de la lecture a permis d'en faire à Augsbourg des manifestations bien implantées. Ainsi Kurt Idrizovic a-t-il préparé le terrain avec ses soirées de «littérature dans les jardins des brasseries»; des poètes comme Günter Kunert, invités à se produire dans des soirées organisées par l'université l'ont fertilisé; grâce aux librairies engagées la semence prend, et pas seulement chez Pustet qui fait partie d'une chaîne de librairies, mais aussi dans une librairie comme Rieger & Kranzfelder, bien établie dans la ville et qui dans ses locaux de la Maximilianstrasse propose un programme ambitieux. Sept librairies se sont regroupées à cet effet.

Autrefois célèbre pour ses nombreuses imprimeries, Augsbourg se consacre pendant les trois premiers mois de l'année à son «Projet littéraire de la ville d'Augsbourg» axé sur un écrivain de langue allemande – de Heine en 1994 jusqu'à Zweig, Brecht, Hesse, Thomas Mann, en passant par Kafka et pour arriver en 2003 à Schiller, ces écrivains étant présentés à travers force séances de lecture, conférences et mises en scènes diverses. Et à chaque fois les manifestations culturelles foisonnent, de l'université au cinéma, du café théâtre à l'université populaire, des librairies à l'Association des artistes peintres et sculpteurs, du théâtre municipal au lycée professionnel, toute la ville est sens dessus-dessous, le mot de ralliement étant la littérature.

Ce projet existe depuis dix ans et a su attirer dans la ville de Brecht les noms les plus prestigieux, ainsi de A à Z: Ilse Aichinger, Wolf Biermann, Robert Gernhardt, Nina Hagen, Walter Jens, Hellmuth Karasek, Adolph Muschg, Will Quadflieg, Jan Philipp Reemtsma, Marcel Reich-Ranicki, Hanna Schygulla, Gabriele Wohmann, Hans Wollschläger, Gerhard Zwerenz. Donc on la trouve bel et bien aussi en Souabe, la littérature, mais comme hôte de passage.

Les arts plastiques: Il n'est guère d'autre domaine culturel en Souabe où la situation géographique de la Souabe n'ait des effets aussi négatifs que dans les arts plastiques. Lointains sont la Ruhr et Berlin, alors que la proximité des villes de Stuttgart et de Munich où l'on cultive la tradition des beaux arts dessert la Souabe qui a la réputation d'envoyer ailleurs ses talents et de n'être qu'un lieu très secondaire pour le négoce de l'art. Par rapport aux quelque 400 galeries d'art dont peut faire état la capitale bavaroise, dont 16 sont représentées à Cologne à l'exposition Art – et pour Stuttgart on en compte tout de même huit – la Souabe n'en a aucune à défendre, qui attire un tant soit peu l'attention sur l'ensemble du territoire allemand. Certes on dénombre quelques galeries d'art de qualité – comme à Lindau (la Galerie Holbein, la Galerie Doris Wullkopf) ou à Augsbourg, où sont représentés des artistes connus, mais somme toute de façon restreinte.

Ainsi depuis la mort de Hans-Jörg Rehklau des exposants tels que Konrad Oberländer, les Galeries Noah, Kuturesk ou la Ecke-Galerie parviennent-ils au moins à maintenir à Augsbourg le contact avec le monde moderne de l'art, grâce à des expositions se consacrant à un thème ou à un artiste. Remarquable est aussi la Galerie Neuendorf à Memmingen. De nombreuses années durant les Augsbourgeois ont eu le loisir de visiter la célèbre «Exposition nationale du dessin» (organisée par Konrad Oberländer et Gode Krämer) ainsi que l'exposition consacrée tous les 10 ans aux «sculpteurs d'Allemagne» (à l'initiative de Stefan Vogel, président de la Société des beaux arts). Cette dernière expose, dans la maison natale de Holbein – dont la rénovation a permis d'améliorer les possibilités de présentation – des œuvres contemporaines d'artistes de renom, mais sans penser devoir suivre la ligne que s'est prescrite le cercle des Sociétés allemandes. Thomas Elsen, le conservateur responsable de la collection d'art contemporain de la ville, a fait de la maison Höhmann, située dans la Maximilianstrasse, un lieu propice aux expositions temporaires, lesquelles ne font pas de concession à ce qu'on appelle le goût du public.

A Kaufbeuren aussi le programme de la maison de la culture est ambitieux. Ainsi se succèdent des expositions d'art graphique (Baselitz) ou des installations (Fabricis Plessi), aux thèmes inattendus et qui n'attirent pas qu'un public extérieur averti, mais voient aussi défiler les écoles. A Wertingen, c'est dès 1985 que la ville s'est fait un nom avec un concours d'exposants venant chaque année de toute la Bavière, et dont les œuvres sont présentées au château («Kunst im Schloss»), certaines constituant petit à petit une remarquable collection d'art contemporain qui vient enrichir la Galerie d'art de la commune. Marktoberdorf possède depuis juillet 2001 une «maison des artistes» hébergée dans les murs de brique d'un bâtiment dont l'architecture et le matériau sont plus prédestinés pour l'art contemporain que pour les petits formats; de plus la ville propose chaque année début octobre «l'Exposition artistique de l'Allgäu oriental». Tandis qu'à Aichach, sous l'égide d'Andreas Stucken, le Cercle des amis des arts retient l'attention.

A Augsbourg, c'est avec des noms comme Miró, Dalí, Hundertwasser ou Ernst Fuchs que, depuis 1999, une institution régionale attire avec succès un public de plus en plus nombreux. Et le fait que la qualité des œuvres exposées soit critiquée des connaisseurs ou qu'on ait une impression de déjà vu ne dérange pas, car, même si l'on peut taxer cette entreprise de provinciale, le quotidien local y applaudit sans réserve, précédant ou faisant écho à «tous ces gens qui affluent».

Dans ce domaine l'accent est d'abord mis sur la présentation de l'art, et c'est justement cette importance médiatrice

L'expression picturale comme acceptation de la réalité. Huile d'Harry Meyor. Collines de l'Allgäu. 70 x 140 cm, 2001

qui prouve les limites de l'enjeu. Certes nombreux sont les artistes et par conséquent les «Journées portes ouvertes», d'Augsbourg jusqu'au fin fond de l'Allgäu. Depuis les années 70 colloques et forums se succèdent à Lindau, Gundelfingen, Aichach, Mertingen, Wangen, Wertingen ou lors des «Journées artistiques de l'Allgäu oriental» à Lindenberg et Weiler; certes les «sentiers de sculpteurs» ne manquent pas, ni les expositions collectives ou les présentations individuelles soutenues par la Fédération des artistes en art plastique. De nombreux cantons, villes, caisses d'épargne et associations – comme par exemple à Augsbourg l'Association des artistes bien connue «die Ecke», décernent toutes sortes de prix. Bien sûr il faut reconnaître que les derniers prix de la Villa Romana remis à des lauréats souabes (les sculpteurs Willi Weiner de Zusmarshausen et Stephan Huber de Lindenberg), remontent à 1985 et 1986. Ces deux artistes ne vivent plus en Souabe: l'atelier de Weiner est à Stuttgart, celui de Huber à Munich, où ce dernier a commencé sa carrière internationale (Documenta, la Biennale de Venise en 1999). Mais il faut ajouter que, dans la région, des artistes comme Christian Hörl (Ruderatshofen), Bernd Rummert (Konradshofen), Johann Schickinger (Höchstädt), Alf Setzer (Betzigau) ou Stefan Stoll (Bachern) défendent honorablement la tradition de la sculpture souabe lancée par Theo Bechteler (1903–1993). Le plasticien augsbourgeois Alfred Görig jouit d'un renom qui va bien au-delà de la région. Bien qu'Augsbourg ait compté parmi les premières villes qui ont exposé dès 1945 des œuvres contemporaines, la Souabe n'est pas devenue un centre de peinture contemporaine. Malgré des exceptions: Karl Kunz pour l'après-guerre; Heinz Butz (né en 1925 à Dillingen) qui enseigna dès 1967 à l'Académie des beauxarts de Munich, Georg Bernhard, dessinateur sensible et peintre subtil qui tient depuis 1971 une chaire à l'IUT d'Augsbourg. C'est grâce à lui qu'en la personne de Jonas Hafner – un élève de Beuys – ou de Joachim Palm, des artistes reconnus ont pu être attirés à l'université d'Augsbourg. Mentionnons aussi des peintres d'importance régionale, tels que Eugen Müller, Herbert Dlonhy (Wertingen), Horst Heilmann (Kempten), Peter Zeiler (Irsee) ou encore le jeune peintre sensualiste Norbert Kiening (Diedorf). Le groupe «Freibank», qui disparut peu après sa fondation en 1990, avait tout de même suscité l'intérêt international à l'occasion de l'exposition «Jeune peinture étrangère» du Grand Palais. Des peintres originaux comme Peter Lochmüller ou Gerhard Fauser ont fait leur chemin. Harry Meyer (plusieurs fois nominé, dont dernièrement pour le Prix HelenAbott, Berlin-New-York) et Christopher Kochs (lui aussi souvent lauréat et en 2001 boursier de Sidney) ont acquis la notoriété et réussi à s'implanter dans les galeries et les expositions ou foires de renom international. Et ce malgré le fait qu'ils vivent à Augsbourg, une ville, qui – depuis le ridicule dont elle s'est couverte en refusant la statue «Aphrodite» de Markus Lüpertz – n'a défrayé la chronique dans le domaine de l'art qu'à cette occasion.

**Flâneries pour les amateurs de musées.** Il n'y a pas en Souabe quelque chose d'approchant le «Nouveau musée de Nuremberg» (inauguré en 2000) encore moins la «Pinacothèque des modernes» de Munich (inaugurée en 2002). Mais tout de même il y a désormais le «Museum d'art Walter», qui présente la collection de l'entrepreneur en bâtiment augsbourgeois Ignaz Walter dans le cadre magnifique du «Palais de verre», une friche industrielle. De grands noms, parmi les 700 toiles et objets exposés, y figurent: Baselitz, Immendorf, Lüpertz, Penk, Polke, Rainer, Richter; et dans la collection de verrerie, surtout Egidio Constantini; et puis des classiques tels Arp, Braque, Chagall, Picasso. Le but déclaré est de constituer «une collection de qualité et de valeur qui favorise de façon systématique une vue d'ensemble de la création artistique de l'après-guerre.» Il en ressort surtout une conception très personnelle du collectionneur.

A Nördlingen, le Musée du cratère du Ries. Le musée a été ouvert par la ville de Nördlingen pour présenter le Ries, paysage unique en son genre ; fruit d'une idée émise lors d'un des festivals des Journées culturelles, il est administré par le Museum de recherche scientifique de Bavière.

Le passé romain au présent: en 1983 le Parc archéologique Cambodunum ouvrait ses portes au public (ici le temple, avec au premier plan, le forum). Des visites guidées pour les enfants permettent aux plus jeunes de s'initier à l'époque romaine.

Dans le paysage muséal de la Souabe les musées de conception historique dominent; à commencer par les nombreux «musées du terroir» qui vouent leurs activités à l'histoire locale, en passant par le Musée archéologique de Kempten et de Mindelheim ou le Musée romain d'Augsbourg ou encore le Musée du cratère du Ries à Nördlingen, jusqu'au Forum d'histoire de la Souabe inauguré en 2002 dans le château d'Höchstätt après 15 ans de travaux de restauration. L'histoire du monde du travail et de la technique est représentée, elle aussi: à Illerbeuren, à Diepolz et à Maihingen, les musées du travail de la terre; à Mindelheim le Musée du textile (dans la Fondation Sandtner) ainsi que le Musée des horloges de clochers de Souabe – avec ses 50 horloges la collection la mieux équipée et la plus ancienne d'Allemagne; à Lindenberg l'aimable Musée de la chapellerie et enfin à Nördlingen le Musée bavarois des chemins de fer. Le Musée du textile que prévoit d'ouvrir bientôt la ville d'Augsbourg promet de devenir un événement, car il présentera entre autres des catalogues d'échantillons de tissus créés dans toute l'Europe ainsi que l'histoire des filatures de la ville. Le Musée d'architecture de la Souabe situé dans la «cité des jar-dins» Thelott construite peu avant la Première guerre est aussi particulier dans son genre. Et l'éco-musée le plus célèbre de la région se trouve dans les environs d'Augsbourg, au sud-ouest de la ville: le Musée d'ethnographie populaire de la Souabe a trouvé sa demeure dans les murs du cloître cistercien d'Oberschönenfeld, un environnement par essence porteur de tradition.

Parmi les musées d'art il faut avant tout citer les dépendances des musées nationaux bavarois d'Augsbourg et de Füssen et à Kempten «la Galerie des Alpes» – qui présente des œuvres du gothique flamboyant ainsi qu'à Augsbourg la «Galerie baroque allemande» qui abrite les riches collections de la ville. Et puis on peut découvrir des singularités; ainsi la Galerie municipale de Füssen présente-t-elle des

œuvres grotesques de Franz von Pocci tandis que Donauwörth abrite le «Musée des Poupées» de Käthe Kruse. Cela vaut donc la peine de flâner d'un musée à l'autre, même si la Souabe ne peut faire état de musées au renom mondial.

**Îlots culturels:** A côté des institutions traditionnellement consacrées à la culture, à savoir les musées, les salles de concert et les théâtres, se sont établis depuis un certain temps déjà des îlots culturels qui se prêtent à de nouvelles formes de culture. Comme pour le cinéma, même si est révolue l'époque où un film avec Romy Schneider était présenté d'abord à Augsbourg, en exclusivité. Aujourd'hui «Les journées du cinéma indépendant et du court métrage» qui ont lieu chaque année à Augsbourg, ont acquis la notoriété, tout comme «Les journées augsbourgeoises du café-théâtre» ou «La Semaine du cirque», «La Piazza», qui représentent – sous l'égide de Hans Ruile, le dynamique patron de la Maison des jeunes et de la culture «Kresslesmühle» une alternative bienvenue. Cependant les difficultés financières de la commune ont malheureusement mis fin aux «Nuits du rock et pop X-large». Il faut toutefois noter un choix important de festivités réservées aux enfants, comme les «Journées culturelles de l'enfant» de Memmingen ou les «Journées du cinéma pour enfants» d'Augsbourg. Dans l'ensemble paraît se dessiner une nouvelle tendance qui délaisserait les programmes culturels classiques au profit de tout un éventail d'événements culturels au caractère festif plus propice à la convivialité.

**Nouveaux lieux de la culture:** Il n'est guère de localité, si insignifiante soit-elle, ni de cloître, ni d'église tant soit peu visitable, qui ne proposent un «été musical». Tout Souabe qui se pique de culture a l'embarras du choix, tel l'âne de Buridan, face à la pléthore de représentations et spectacles qui s'offrent à lui de Neuburg à Irsee, de Schongau à Roggenburg, de Memmingen à Füssen. S'y ajoutent les

nombreux festivals de toutes sortes, du jazz aux marionnettes, de la Nuit de la fanfare (la première fois le 31 janvier 2003 à Buchloe) à la Nuit des musées, des Projets littéraires à la musique baroque. A elles seules les «Journées culturelles du Ries» ont organisé, depuis 1975 tous les deux ans, près de 2.000 représentations dans les domaines culturels les plus divers, et y ont déjà attiré plus de 100.000 visiteurs constituant un public particulier où étaient intégrés les handicapés et où participaient activement les jeunes et les organisations oecuméniques. C'est à partir de là que se pérennisèrent certaines initiatives, comme le Musée du cratère du Ries, le Cercle des amis de la synagogue de Hainsfarth, la Société internationale Rosetti et de nombreux sentiers de découverte à travers le Ries.

**De nouvelles chances pour sortir la région de sa langueur culturelle.** Tandis qu'en certains lieux la culture s'alanguit au niveau d'une université populaire, d'autres communes présentent jusqu'à présent un programme traditionnel hautement cultivé s'étonnent de se trouver à la croisée des chemins, où l'événement fait désormais la culture. Si l'on compare au niveau bavarois on constate que le Bezirk a été négligé en matière de culture. Tandis que la métropole bavaroise et même Nuremberg, déjà bien équipées, étaient en mesure de poursuivre la construction de divers musées grâce aux millions dégagés par les bénéfices obtenus après les privatisations, la Souabe s'est retrouvée les mains vides. Et de toute façon Munich est privilégiée lors de l'attribution de subventions à des projets culturels. Il est vain de demander quelle est la part des manquements du Land de Bavière – non pas parce que, dans l'espoir d'un avenir meilleur, il faudrait éviter de se mettre les puissants à dos – mais bien parce qu'il faut tenir compte de l'amère réalité, à savoir que les caisses de l'Etat sont vides, et que d'autre part on se demande sérieusement le bien-fondé d'institutions hautement subventionnées. L'absence de troupes municipales ou de grands théâtres, le manque de salles d'expositions gigantesques ou de représentations de renommée mondiale ne doivent pas figurer un défaut de culture en soi. En Souabe, si elle ne fait pas pousser d'orchidées exotiques la culture fleurit cependant dans ce pays, en lui donnant le charme d'une prairie naturelle.

Ses chances spécifiques tiennent d'abord de la particularité des lieux: Ottobeuren est bien unique en son genre, tout comme Leitheim, Irsee ou Lindau. Et dans des lieux rares peut s'épanouir une culture rare. Ce qui est problématique c'est plutôt la situation géographique marginale de la Souabe, son étendue, son manque d'unité historique. Mais c'est là justement qu'un réseau régional comme dans le Ries ou l'usage d'effets de synergie obtenus grâce à un événement culturel multiple comme à Irsee ou divers festivals peuvent provoquer de vrais miracles. Et les universités ne sont pas en reste, comme à Augsbourg ou Irsee; à Lindau c'est le cas depuis longtemps à l'occasion de la semaine internationale de la psychothérapie – qui a lieu en avril – ou du congrès des lauréats du prix Nobel.

Ainsi fleurit en Souabe un paysage culturel original aux accents du terroir, qui fait sa part au génie des lieux ou au maillage culturel composé de festivals et d'événements. On peut bien sourire de l'initiative qu'a prise Augsbourg de postuler comme capitale européenne de la culture, mais à elle seule l'idée féconde sur place les initiatives culturelles, renforce la propre perception de ses possibilités et son aptitude à coopérer, si bien que de tant de points de jonction pourrait bien naître un véritable réseau culturel. Et il se peut que ce soit une chance pour ce qui, au contraire du puceron du Groenland ou des pistes de ski du Kinshasa existe vraiment, à savoir la culture en Souabe.

*Andreas Link*

# Les photographes

### HARALD HOLLO

Né en 1948 à Stuttgart, élevé à Augsbourg, marié, trois enfants. Formation de graphiste, Maîtrise en 1972. Séjours à l'étranger à Zürich et Vienne. Etudes de design-graphisme à l'école des Arts appliqués d'Augsbourg; enseignant spécialisé à l'Académie des arts graphiques de Munich, département des techniques d'impression. Plusieurs années d'expérience comme chargé de cours à l'école professionnelle supérieure des arts créatifs d'Augsbourg ainsi que dans les jurys de la Chambre de commerce et d'industrie. Depuis 1986, à la tête de l'entreprise «Satz und Grafik Partner» d'Augsbourg. Publication de plusieurs livres d'art, notamment, en collaboration avec le Professeur Georg Bernhard, Andreas Bindl, Agnes Keil, Christofer Kochs, Harry Meyer, Eugen Müller, Konrad Oberländer. Dernière édition en 2000: «Augsburg-Stadtansichten».

### HELMUT SCHREIBER

Né à Eltville/Rheingau. Après l'école supérieure de Landsberg sur Lech, études à l'école de photographie de Munich. Photographe de publicité à Altenkunstadt et Stuttgart. Six années à Florence dans son propre atelier. Puis maîtrise à Augsbourg, ville natale de ses parents. Travaille ensuite six ans comme photographe à l'Ecole professionnelle supérieure des arts créatifs. Séjourne au Portugal (six mois), et, encore et toujours, en Italie (Rome, Iles Eoliennes). Expositions à Augsbourg et Florence. Vit heureux avec son épouse à Augsbourg.

### EDITEUR

Satz und Grafik Partner GmbH, © 2003
Spicherer Straße 1, 86157 Augsburg
Tel. 08 21/3 43 23-0, Fax 08 21/3 43 23-33
E-Mail: hollo@satz-und-grafik-partner.de

### CONCEPTION, GRAPHISME, REALISATION

Harald Hollo,
Satz und Grafik Partner GmbH, Augsburg

### TEXTE ET LITHOGRAPHIE

Satz und Grafik Partner GmbH, Augsburg

### PAGE DE TITRE

Photo Neuschwanstein: Getty Images/Merten

### IMPRESSION

Kessler Verlagsdruckerei, Bobingen

### PAPIER

**UPM** *finesse*   UPM-Kymmene Group
UPM Finesse 300, 150 g/m$^2$,

### PRINTED IN GERMANY

MAN Roland
Druckmaschinen AG
Augsburg

# Les auteurs

### PROF. DR. HANS FREI

Né en 1937 à Augsbourg. Après son baccalauréat, études de géographie, histoire et germanistique à Munich. Diplôme d'état d'aptitude à l'enseignement dans les lycées. Reçu docteur et sitôt après assistant à l'Institut Géographique de l'Université de Munich. Depuis 1970, responsable en chef de la Mission à la Conservation du Patrimoine de la région de Souabe, sections conservation des monuments, arts et traditions populaires, patrimoine paysager. Durablement engagé en faveur de la promotion des musées ruraux de la Souabe. Grâce à la synergie entre la Fondation pour la Conservation des Traditions et l'organisation d'un travail scientifique de fond, a favorisé la création et la gestion des musées régionaux de Oberschönenfeld , Maihingen et Naichen. Editeur et auteur de nombreuses publications sur la Souabe et ses habitants. Chargé de cours et professeur honoraire en géographie culturelle et ethnologie auprès des universités d'Augsbourg et de Munich.

### GERTRUD KELLERMANN

Gertrud Kellermann est née à Augsbourg, où elle a grandi. Après son baccalauréat à Erlangen, elle s'est consacrée aux études de pédagogie qu'elle avait choisies, et a épousé un pasteur. Ce fut aussi le début d'une période d'engagement intensif dans sa municipalité. Après quelques années passées d'abord à Landshut, puis à Oberfranken, elle rentre en Souabe et se dégage de ses fonctions municipales. Elle s'investit depuis plusieurs années avec enthousiasme au sein de l'équipe régionale des Œuvres Evangéliques pour la Formation Continue des Femmes. A cela s'est ajoutée, à la suite d'un voyage en Israël, une implication intensive dans une cellule de réflexion sur le Judaïsme et l'Ancien Testament, ce qui l'a conduite à devenir collaboratrice du Comité directeur de l'Association pour la Coopération Judéo-chrétienne. Avec tout cela, elle trouve encore du temps à consacrer à ses sept petits enfants.

### DR. RUDOLF KÖPPLER

Né en 1936 à Berlin. Etudes de sciences politiques à Berlin et Erlangen. Promu grâce à un essai sur les positions des partis politiques sur le droit constitutionnel. Haut fonctionnaire de l'Etat de Bavière depuis 1970, son mandat a été renouvelé lors des cinq scrutins suivants jusqu'en 2002 maire de Günzburg, ce qui lui a permis d'accéder au titre de «Souabe d'élection». En tant que Conseiller Général, Conseiller Régio-nal, enseignant et expert des questions de droit constitutionnel, il est l'auteur d'essais et d'ouvrages scientifiques juridiques, et mène parallèlement une activité d'auteur de poèmes, de satires, de nouvelles et de critiques littéraires.

### EVA LEIPPRAND

Née en 1947 à Erlangen, élevée à Munich. Etudes (d'anglais et d'histoire) à Würzburg et Munich, avec séjour d'un an en Angleterre. Son mariage l'«expatrie»à Stuttgart, où elle passe 17 ans, partageant son temps entre son activité de professeur de lycée et l'éducation de ses deux enfants. Depuis 1989, vit à Augsbourg en écrivain indépendant. S'associe à différentes initiatives citoyennes, siège notamment au Forum Augsbourgeois pour la Qualité de la Vie (de 1994 à 2002). Conseillère municipale entre 1996 et 2002, depuis 2002 Conseillère à l'Action Culturelle, et troisième Adjoint au Maire de la municipalité d'Augsbourg.

### ANDREAS LINK

Né en 1949 à Dachau. La catastrophe morale planétaire qu'il ressent dès le berceau en relation avec son lieu de naissance va sa sensibilité vers deux domaines de réflexion: l'art et la théologie. Etudes de théologie protestante, de théâtre et de jazz à Neuendettelsau, Tübingen, Munich et Erlangen. Suffragant à Selb et à Fürth. Depuis 1984, exerce comme professeur d'éducation religieuse dans des établissements scolaires professionnels de la ville d'Augsbourg; parallèlement, gère une galerie d'art contemporain. Publications dans les domaines de la pédagogie religieuse, de l'histoire urbaine, des relations entre l'art et l'église, de la théorie de l'art et monographies sur quelques artistes.

## Manuela Mayr

Née en 1954 à Waldshut am Hochrhein. Merveilleuse enfance en Bade du sud, fortement influencée par des grands-parents originaires de la Basse-Bavière. Activité de journaliste dès l'adolescence au lycée. Après son baccalauréat, années d'études et de voyage à Berlin et à Venise. «Enrôlée» au journal «Augsburger Allgemeine», où elle est rédactrice dans la rubrique «nouvelles de Bavière et du monde». A titre privé, a pris racine à Kühbach, en Vieille-Bavière. Avec son mari, natif de l'Ostallgäu, elle savoure le bonheur d'une vie campagnarde dans une ancienne ferme dont l'existence est mentionnée déjà avant la Guerre de Trente Ans.

## Susanne Lorenz-Munkler

Née en 1961 à Immenstadt, élevée à Kempten, est restée attachée à l'Allgäu de cœur et de corps. Après son baccalauréat à Kempten, volontariat auprès du «Journal de l'Allgäu». En 1984, déménage à Augsbourg, où elle travaille pendant sept ans comme rédactrice au quotidien «Augsburger Allgemeine». Retour en Allgäu après la naissance de son premier enfant. Vit aujourd'hui avec sa famille, riche d'un nouvel enfant, à Krugzell, un village situé au Nord de Kempten, d'où elle collabore, en tant que pigiste, à différents quotidiens et magazines. Au nombre de ses hobbies on compte la lecture, l'alpinisme, le ski et l'équitation, pour lesquels mari et enfants sont également souvent de la partie.

## Eduard Ohm

Né en 1945 à Neu-Ulm, ville frontière de Bavière, ville qui était aussi un champ de bataille. Y vit toujours. Etudes de droit à Munich, spécialisation en histoire des arts et du théâtre. Immédiatement après, critique d'art et de théâtre au journal «Neu-Ulmer Zeitung». Depuis 1975, rédige des feuilletons pour l'AZ. A partir de 1977, instituteur, et directeur d'école depuis 1987. Activité permanente de publiciste dans les domaines de la géographie et de la sociologie locales. A participé à l'édition de l'«Ulmanach», une anthologie culturelle de la ville d'Ulm, ce qui fait de lui un «passeur» privilégié en direction de la culture et de la littérature du Bade-Wurtemberg. Sans trop jouer de la corde sensible régionaliste, a écrit des livres sur sa ville natale («Neu-Ulm: instants de la vie d'une ville») et sur sa région («Du côté de chez nous»). Egalement auteur d'une quantité de textes dans les catalogues d'artistes régionaux.

## Erich Pawlu

Directeur d'études et publiciste. Né en 1934 à Frankstadt am Nordmähren. Baccalauréat au Lycée classique d'Ingolstadt. Etudes en germanistique, histoire et géographie à l'Université de Munich. De 1959 à 1996, enseigne au Lycée Johann-Michael Sailer de Dillingen. A composé de nombreuses satires, publiées d'abord dans la «Süddeutsche Zeitung», dans la «Neue Zürcher Zeitung», dans «Die Welt» et à la «Frankfurter Rundschau». Sketches radiophoniques, émissions éducatives, conférences, reportages, feuilletons. Ouvrages spécialisés pour l'enseignement de l'allemand dans les lycées, récits satiriques et recueils de poèmes. Membre du jury pour le Prix Artistique de la Région de Souabe et pour le concours littéraire des Journées de la Culture de Dillingen. Nombreux prix littéraires, entre autres le Prix Nikolaus-Lenau pour la Poésie Lyrique. Titulaire de la décoration «Achievement Award Medal», et de la «Lettre de bourgeoisie» de la ville de Dillingen.

## Alois Sailer

Né en 1936 à Lauterbach, catholique, descendant d'un vieille famille souabe. Ecrivain régional gardien des traditions locales. Vit avec sa femme Martha dans la demeure héritée de ses ancêtres à Lauterbach. Après deux semestres à l'école d'agronomie et des études de littérature allemande, travaille pour des journaux, des périodiques, des émissions de radio et de télévision. Créateur de nombreux spectacles comme le «Jeu de la Passion de Waal», de 1969 à 1970. Travaux de bibliophilie, entre autres l'œuvre lyrique patoisante «La Trilogie souabe», les récits du «Wasserbirnenbaum», ainsi que le recueil lyrique en allemand «Späte Amsellieder». Bien qu'ayant décliné des récompenses littéraires, titulaire de nombreuses distinctions comme la Croix Fédérale du Mérite.

## Dr. Martha Schad

Martha Schad est née en 1939 à Munich et a fait ses études secondaires à Augsbourg. Après des séjours d'étude à Cambridge puis à la Sorbonne à Paris, elle se marie et se consacre avec enthousiasme à l'éducation de son fils Albert et de sa fille Annette. De retour à Augsbourg depuis 1975, elle est, des années durant, guide touristique de la ville, tout en poursuivant des études d'histoire et d'histoire de l'art à l'Université d'Augsbourg. Elle est enfin reçue docteur sur le «versant féminin» de l'histoire: l'éventail de ses publications s'étend des «Femmes de la Maison Fugger», à «Des femmes contre Hitler» et à «L'espionne d'Hitler» en passant par «Les Reines de Bavière», «L'Impératrice Elisabeth et ses filles», «Kosima Wagner et Louis II de Bavière», et «Mathilde Wesendonck». Depuis l'année 2000, elle est membre honoraire des Amis du Patrimoine régional de la ville d'Augsbourg, et Présidente de la «Société Richard Wagner d'Augsbourg».

## Thomas Scherer

Né en 1958 à Munich de mère augsbourgeoise, et, de ce fait, aussi à l'aise dans la culture des bords du Lech que dans celle de l'Isar. De son père munichois il a hérité son goût pour le journalisme et pour l'écriture, l'envie de découvrir toujours de nouveaux lieux. Après de courts séjours à Berlin puis à Bonn au studio de la Radio Bavaroise, il devient directeur de l'antenne de la Radio Bavaroise à Munich. En l'an 2000 se présente l'opportunité de partir créer un nouveau poste de correspondant de la Radio Bavaroise à Lindau: «Désormais je vis et je travaille là où d'autres passent leurs vacances». Thomas Scherer est marié et père de deux fillettes, dont la vitalité rend le travail d'écriture plus difficile, mais la vie plus riche.

## Freddy Schissler

Né en 1972 à Frankfort sur le Main, marié, un enfant. Baccalauréat à Villingen-Schwenningen en Forêt Noire, études de sciences sociales à Constance et à Stuttgart. S'installe dans l'Allgäu pour rejoindre un poste de volontaire auprès des journaux «Allgäuer Zeitung» et «Augsburger Allgemeine». Ensuite ce sont tout juste cinq années comme rédacteur du quotidien «Memminger Zeitung». Mutation à la rédaction sportive de l'«Allgäuer Zeitung» comme directeur responsable de ce département. Depuis 1995, rédacteur indépendant pour le compte de différents journaux, dont l' «Allgäuer Zeitung», l'«Augsburger Allgemeine», le «Stuttgarter Zeitung», «Sonntag aktuell», «TAZ», «Südkurier», et le «Schwäbische Zeitung». En 1996, retour à l'«Allgäuer Zeitung» dont il est devenu entre temps le directeur des pages culturelles, fonction qui oriente fortement ses intérêts vers la ville de Memmingen et ses environs.

## Dr. Georg Simnacher

Né en 1932 à Ziemethausen et fils d'un cordier. Il étudia à Munich puis à Erlangen, où il fut reçu docteur en 1958. Le jeune juriste fit rapidement carrière à Munich comme fonctionnaire au Gouvernement, se reconvertit dans la politique au milieu des années 60, devint en 1967 à Günzburg le plus jeune conseiller régional de Bavière, et, en 1974, Président de la Diète du Bezirk Schwaben. En 2003, Simnacher est le Président de Diète qui cumule la plus longue ancienneté dans ses fonctions; il se consacre particulièrement aux secteurs de l'action sociale et de la santé. C'est lui qui donna les impulsions décisives pour la reconstruction des hôpitaux psychiatriques en cliniques modernes, et pour la décentralisation de la psychiatrie dans la région. Grâce à son engagement en faveur des lieux de mémoire, de considérables efforts de restauration ont été menés (par exemple les cloîtres de Irsee, Thierhaupten, le théâtre de l'établissement thermal historique d'Augsburg-Göggingen). Auteur de plusieurs études historiques.

## Dr. Wilfried Sponsel

Né en 1955 à Heidenheim sur Brenz, mais élevé à Nördlingen. Etudes spécialisées en théologie, philosophie, sciences de l'éducation, histoire et psychologie à Tübingen. Après son premier diplôme d'état, période de stage avec obtention de son second diplôme d'état, le qualifiant pour un poste de niveau supérieur. Nomination en 1987 comme archiviste des Archives de la Principauté de Oettinger Wallerstein et Harburg, stage professionnel à l'Ecole Centrale des Archives de Bavière. En 1991, aboutissement de sa promotion à l'Université d'Augsbourg auprès du Professeur Dr. Pankraz Fried, chaire d'histoire de la Bavière et de la Souabe. Depuis 1999, archiviste et conservateur du patrimoine de la ville de Nördlingen. Membre de la Société des chercheurs souabes, collabore également à de nombreuses Institutions et associations culturelles.

## Winfried Striebel

Fiche signalétique: Souabe notoire à la tête particulièrement dure, né en 1932 à Schlingen (Unterallgäu). Elevé dans une famille d'enseignants fortement imprégnée d'intérêt pour l'histoire et les particularités locales. Dès la maison paternelle, confronté à des «têtes souabes» aussi marquantes que Sebastian Kneipp, Georg von Frundsberg, Peter Dörfler, Joseph Bernhart, Eugen Jochum, Arthur Maximilian Miller, Irmgard Seefried et bien d'autres encore. Ecole primaire supérieure de Kempten, formation de rédacteur à Mindelheim, stations ultérieures dans le journalisme: Bad Wörishofen, Marktoberdorf, Kaufbeuren et Augsbourg. Reporter, chef de rubrique, rédacteur en chef. Depuis 1997, journaliste indépendant. Son mot d'ordre, au travail comme dans la vie: rester toujours les pieds sur terre et au plus près des gens.

## Dr. Andrea Zinnecker

Née en 1963 à Marktoberdorf dans l'Ostallgäu. Etudes d'ethnologie, de germanistique et d'histoire de l'art à Würzburg et à Augsbourg. Séjour d'études à Florence. Reçue docteur en 1995 en ethnologie avec un travail sur la réception de Wilhelm Heinrich von Riehl, fondateur de l'ethnologie allemande, auprès du National-Socialisme. Depuis 1984, collaboratrice de la Bergsteiger-Redaktion de la Radio Bavaroise, et depuis 1993, correspondante pour l'Allgäu de la Radio Bavaroise et auteur de sketches radiophoniques historico-culturels.